Brigitte

Frische schnelle Küche

Inge Schiermann, Mitglied des Food Editors Club, arbeitet seit über 30 Jahren als Food-Journalistin. Kochbücher sowie Sonderhefte für Zeitschriften wie z. B. die BRIGITTE erarbeitet die gelernte Hauswirtschaftsleiterin zusammen mit ihrem Ehemann **Dr. Jens Schiermann** in der eigenen Versuchsküche mit Fotostudio.

Inge Schiermann vertritt eine leichte, unkomplizierte Küche mit frischen Zutaten; einfache Rezepte mit raffinierten Details sind ihre Spezialität.

Fotos: Jens Schiermann

Gestaltung und Realisation: Gisela und Werner Wassmann, Hamburg

Gesamtherstellung: Naumann & Göbel Verlagsgesellschaft mbH, Köln

Herausgeberin: Anne Volk

Lektorat: Marita Heinz, Christine Tsolodimos

Schlussredaktion: Karin Schanzenbach

BRIGITTE-Edition in der Naumann & Göbel Verlagsgesellschaft mbH, Köln

Copyright: Gruner + Jahr AG & Co., Hamburg

ISBN: 3-625-10249-8

Brigitte

Frische schnelle Küche

Von Inge Schiermann

Brigitte Edition

NAUMANN & GÖBEL

Pikante Snacks,
raffinierte Salate
und feine Suppen –
das schmeckt
nach mehr

1. KAPITEL

*Kleine
Vorspeisen*

SEITE **8**

Köstlichkeiten
aus dem Backofen –
für zwischendurch
oder zum Wein

2. KAPITEL

*Pizzen, Quiches
und Tartes*

SEITE **28**

Spezialitäten
aus Italien –
so kocht man
im Süden

3. KAPITEL

*Pasta, Polenta
und Risotto*

SEITE **42**

Gedünstet,
gratiniert oder
überbacken –
Sie haben die
Wahl

4. KAPITEL

Gemüse

SEITE **60**

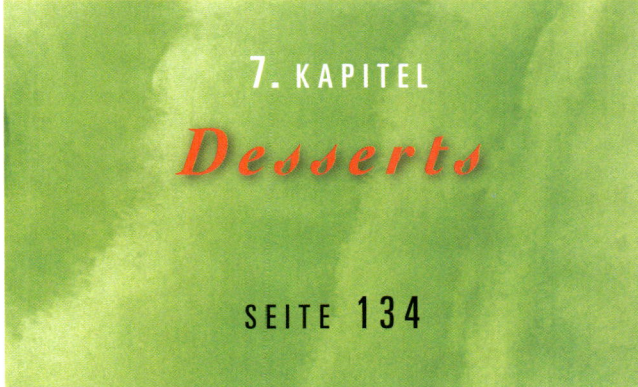

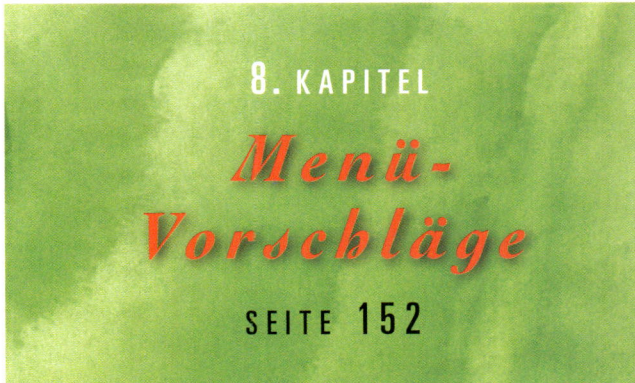

Zeit zum Genießen

Sie mögen gutes und leckeres Essen, Sie legen Wert auf gesunde Ernährung, Sie haben Spaß am Kochen – aber Sie können oder wollen nicht zu viel Zeit damit verbringen? Dann gehört dieses Buch in Ihre Küche!

Basis aller Rezepte sind frische, schonend verarbeitete Zutaten: Ob Gemüse, ein Stück Fleisch, ein Fisch oder die vollreife Frucht im Dessert – alles wird so zubereitet, dass der Eigengeschmack sich ganz entfalten kann und möglichst noch verfeinert wird. Stundenlange Koch-Rituale und teure, exotische Zutaten sind dazu nicht nötig – meist sind es kleine Kunstgriffe, die aus einfachen Bestandteilen eine köstliche Mahlzeit machen. Lassen Sie sich von unseren Vorschlägen inspirieren, und haben Sie keine Scheu, eigene Variationen auszuprobieren!

Mit den Rezepten in diesem Buch können Sie außerdem genussvoll und gesund essen. Denn wir haben energiereiche Lebensmittel wie fettes Fleisch oder Zucker kräftig reduziert und setzen stattdessen auf gute, pflanzliche Fette, hervorragende Öle, Samen und Nüsse sowie süße Früchte. Auch wenn Sie auf Ihr Gewicht achten, können Sie viele Rezepte aus diesem Buch unverändert übernehmen. **Vegetarische Gerichte sind mit  gekennzeichnet.**

Damit genügend Zeit zum Genießen bleibt, ist die Arbeit bei allen Rezepten in höchstens 30 Minuten getan; Back-, Garoder Kühlzeiten können hinzukommen.

Aus den Gerichten lassen sich nach Belieben komplette Menüs zusammenstellen, zum Beispiel für ein Essen mit Freunden. Am Ende des Buches finden Sie acht Vorschläge – und dazu jeweils Tipps zum Vorbereiten ohne Stress.

Bevor Sie anfangen ...

Alle Gerichte in diesem Buch können Sie mit der üblichen Küchenausstattung kochen. Für weniger gängige Töpfe, Pfannen oder Geräte nennen wir jeweils eine einfache Alternative.

Das Vorheizen des Backofens dauert bei elektrischen Öfen etwa 10, bei Gas- und Umluftherden 2 bis 3 Minuten. Damit Sie nicht unnötig warten müssen, sollten Sie sich darauf einstellen.

Ein integrierter Grill im Backofen ist ideal zum Gratinieren. Es geht aber auch ohne: Den Ofen auf der höchsten Stufe vorheizen und das Essen bei Oberhitze auf der obersten Schiene hineinschieben.

Mengenangaben zur Orientierung:

▶ 1 Tasse fasst etwa 150 ml Flüssigkeit.
▶ 1 EL Mehl, Zucker oder Salz wiegen etwa 10 bis 20 Gramm.
▶ 1 EL Butterschmalz wiegt 20 Gramm, ein TL 10 Gramm.

Bei den Beilagen wie z. B. Reis oder Kartoffeln ist die Zubereitung nicht beschrieben – die allermeisten wissen ohnehin, wie's geht; bei Reis und Nudeln steht es auch auf der Packung. Lassen Sie sich von unseren Vorschlägen anregen und entscheiden Sie nach Geschmack und Appetit.

Als Beilage brauchen Sie etwa diese Mengen pro Person:

▶ Kartoffeln: 250 g,
▶ Nudeln: 100 g,
▶ Reis: 75 g.

Diese und andere haltbare Lebensmittel wie z. B. Mehl oder Gewürze können Sie auf Vorrat einkaufen – so haben Sie vieles Wichtige immer im Haus und sparen außerdem Zeit und lange Wege.

Frische Zutaten kauft man am besten, wenn sie gebraucht werden – und es lohnt sich, auf Qualität zu achten. Obst und Gemüse aus ökologischer Landwirtschaft, Fleisch aus artgerechter Tierhaltung – solche Produkte sind nicht nur für die Gesundheit ein Gewinn, sie schmecken einfach besser. Gönnen Sie sich diesen Genuss so oft wie möglich!

Wichtige Zutaten von A bis Z

Brühe wird in kleinen Mengen für Soßen und zum Dünsten, in größeren Mengen für Suppen verwendet. Instantbrühen, z. B. aus Gemüse, Geflügel oder Rindfleisch, sind als Pulver sowie in Pasten- oder Würfelform zu haben und blitzschnell gebrauchsfertig: 1 TL Brühextrakt oder 1/2 Würfel in 1/4 l heißem Wasser auflösen. Natürlich kann man Brühen auch selbst kochen.

Butterschmalz ist wie Pflanzenöl ideal zum Braten, weil es sehr hohe Temperaturen verträgt. Nehmen Sie Butterschmalz, wenn Sie Fleisch braten und aus dem Bratensatz noch eine kleine Soße zubereiten möchten. Es hält sich etwa 1 Jahr und wird nicht ranzig.

Champignons saugen leicht Wasser auf und verlieren dann ihr Aroma. Deshalb lieber nicht waschen, sondern trocken putzen. Das geht am besten mit einem speziellen kleinen Pinsel, der wie ein Pilz aussieht (zu haben in Haushaltswarenläden). Braune

Champignons sind übrigens aromatischer als weiße.

Bei <u>Eiern</u> brauchen Sie für unsere Rezepte nicht auf die Größe zu achten – sie ist für das Gelingen nicht ausschlaggebend und deshalb auch nicht angegeben. Wichtig: Eier nach spätestens einer Woche aufbrauchen – achten Sie auf das Verfallsdatum auf der Packung.

<u>Kartoffeln</u> aus biologischem Anbau schmecken am besten; sie haben meist auch eine schöne appetitliche Farbe. Manchmal hängt das Gelingen eines Rezeptes auch davon ab, ob die Kartoffeln „mehlig kochend", „vorwiegend fest kochend" oder „fest kochend" sind. In diesen Fällen sind die Kocheigenschaften in der Zutatenliste angegeben; sonst entscheiden Sie nach Ihrem Geschmack.

Frische <u>Kräuter</u> wie z. B. Petersilie geben vielen Speisen erst die richtige Würze und sind außerdem dekorativ. Basilikum, Schnittlauch und Zitronenmelisse im Topf halten sich viele Wochen. Bei Bedarf kann man immer ein paar Blätter abknipsen.

<u>Nudeln</u> dürfen nicht zu lange kochen, sonst verkleben sie und schmecken nicht mehr. Also: Packungsanweisung genau lesen und eventuell die Eieruhr stellen, damit Sie die Nudeln rechtzeitig abgießen.

<u>Olivenöl</u> (kalt gepresst, „nativ extra") am besten kalt verwenden, z. B. für Salate, kalte Gemüsegerichte, zu gegartem Fisch und zum Verfeinern von Gemüsesuppen. Kaufen Sie immer nur kleine Mengen – das Öl wird schnell ranzig.

<u>Parmesan-Käse</u> schmeckt am besten frisch gerieben. Sie können ein großes Stück auf Vorrat kaufen und davon nach Bedarf über die aufgefüllten Portionen reiben. Zum

Aufbewahren das Käsestück gut in Klarsichtfolie einwickeln und im Kühlschrank lagern. So hält es sich mehrere Wochen frisch. Auch alter Gouda, Bergkäse und Pecorino eignen sich zum Reiben und lassen sich ebenfalls gut aufbewahren.

Glatte <u>Petersilie</u> ist aromatischer und schmeckt würziger als die krause; deshalb haben wir sie in vielen Rezepten verwendet. Krause Petersilie aus dem Garten eignet sich aber ebenso gut, und sie sieht manchmal hübscher aus. Petersilie hält bis zu 2 Wochen, wenn Sie sie ins Wasser stellen und das Wasser gelegentlich erneuern.

<u>Pfeffer</u> immer frisch mahlen – nur so kommen sein Aroma und die feine Schärfe voll zur Geltung. Wichtig ist, dass die Pfeffermühle ein kräftiges Mahlwerk hat. Ob Sie schwarzen oder weißen Pfeffer oder sogar eine bunte Mischung nehmen, spielt für den Geschmack keine Rolle.

<u>Pflanzenöl</u> ist geschmacksneutral und eignet sich wie Butterschmalz gut zum Braten und Frittieren, weil es auch bei sehr hohen Temperaturen nicht verbrennt.

Beim <u>Senf</u> liegen Sie mit einer mittelscharfen Sorte zum Würzen meist richtig; sonst entscheiden Sie nach Geschmack. Den Senf immer erst ganz zum Schluss ans Essen geben; wird er mitgekocht, verliert er an Schärfe und Geschmack.

<u>Tomaten</u> abzuziehen – das ist in der feinen Küche üblich – dauert lange und ist mühsam. Wenn Sie

mehr als 3 Tomaten brauchen, machen Sie sich die Arbeit leichter: Die Tomaten mit kochendem Wasser überbrühen, 10 Sekunden darin liegen lassen, dann das Wasser abgießen. So lässt sich die Haut schnell und mühelos abziehen. Bei 1 bis 2 Exemplaren können Sie die Schale mit einem Sparschäler abschälen – er eignet sich auch zum Häuten von Paprikaschoten.

<u>Zitronen</u> am besten unbehandelt kaufen; dann können Sie auch die Schale verwenden. Im Gemüsefach des Kühlschranks bleiben Zitronen länger frisch. Wird nur der Saft gebraucht, können Sie die Schale vorher abreiben und für später (z. B. zum Kuchenbacken und zum Würzen von Desserts) aufbewahren: Die abgeriebene Schale mit etwas Zucker vermischen und in ein Schraubdeckelglas geben; sie hält sich etwa 4 Monate.

<u>Zwiebeln</u> sind wichtige Würzmittel: Die roten sind milde und schmecken besonders gut in Salaten. Zum Dünsten und Schmoren sowie zum Verfeinern von Soßen und Suppen eignen sich die kräftigen, würzigen braunen Haushaltszwiebeln, aber auch die feineren, eher lieblichen Schalotten. Zwiebeln trocken und kühl aufbewahren – dann bleiben sie 1 Monat oder noch länger frisch.

1. KAPITEL

Kleine Vorspeisen

PIKANTE SNACKS, RAFFINIERTE

SALATE UND FEINE SUPPEN

Knoblauchsuppe

FÜR 2 PERSONEN
2 junge Knoblauchknollen
1 kleine rote Chilischote
2 EL Olivenöl
1/4 l Gemüsebrühe (Instant)
1/4 l Milch
2 Scheiben Weißbrot
1 EL Butter
2 Eigelb
4 EL Schlagsahne
Salz
etwas glatte Petersilie

1. Die Knoblauchknollen in Zehen zerteilen und diese häuten. Die Chilischote putzen, entkernen und klein schneiden. Das Olivenöl erhitzen, die Knoblauchzehen hineinschneiden und sanft darin andünsten. Die Hälfte der klein geschnittenen Chilischote dazugeben und kurz mitdünsten. Dann Brühe und Milch zugießen und alles etwa 5 Minuten köcheln lassen.

2. Die Brotscheiben fein würfeln und in einer Pfanne in der heißen Butter braun und knusprig rösten.

3. Eigelbe und Sahne verrühren. Die Suppe mit dem Schneidstab pürieren und dabei die Eiersahne darunter mixen. Die Suppe mit Salz abschmecken.

4. Petersilie fein hacken. Die Suppe in Schälchen füllen und mit gerösteten Brotwürfeln, der Petersilie und dem restlichen Chili bestreuen.

Pro Portion ca. 460 kcal **Fertig in 30 Minuten**

Ricotta-Blinis mit Lachstatar

FÜR 4 PERSONEN
2 Eier
250 g Ricotta-Käse
je 1 gehäufter
EL Mehl und Grieß
Salz
frisch gemahlener Pfeffer
1 1/2 EL Butterschmalz
100 g gebeizter Lachs
1 zarte Selleriestange
150 g Crème fraîche
1 bis 2 EL geriebener Meerrettich (frisch oder Glas)
1 Karambole (Sternfrucht)
Dillspitzen

1. Die Eier in einer Schüssel verquirlen. Ricotta, Mehl, Grieß, Salz und Pfeffer dazugeben und unterrühren. Butterschmalz in einer beschichteten Pfanne erhitzen. Jeweils 1 gehäuften TL Teig ins heiße Fett geben und etwas flach drücken. Etwa 12 kleine Küchlein braten.

2. Den Lachs und die Selleriestange fein würfeln und mit etwas Pfeffer locker vermischen. Crème fraîche mit dem geriebenen Meerrettich verrühren. Die Karambole abspülen und in dünne Scheiben schneiden.

3. Zum Anrichten jeweils 1 TL Creme und 1 TL Lachstatar auf die Blinis setzen. Mit einem zarten Stern der Karambole und Dillspitzen garnieren.

Pro Portion ca. 360 kcal **Fertig in 30 Minuten**

TIPP
Wer keine Zeit zum Blini-Backen hat, kann geröstete Baguettescheiben als Unterlage nehmen – das schmeckt auch sehr gut.

Auberginen-Tahini-Mousse

FÜR 4 PERSONEN

2 mittelgroße Auberginen

2 Knoblauchzehen

1 Zitrone

2 EL Tahinipaste

Salz

2 EL geschälte Sesamsaat

2 EL kaltgepresstes Olivenöl

100 g Kirschtomaten

glatte Petersilie zum
Dekorieren

1. Die Auberginen waschen, abtrocknen, rundherum einstechen und auf einem Bogen Alufolie auf den Backofenrost legen. Bei 200 Grad/ Umluft 180 Grad/Gas Stufe 3 etwa 30 Minuten backen.

2. Die Auberginen herausnehmen, aufschlitzen, das weiche Innere mit einem Löffel herausschälen und in eine Schüssel geben. Knoblauch halbieren und darüber pressen. Zitrone auspressen, Saft dazugeben. Tahinipaste unterrühren. Alles mit dem Schneidstab cremig pürieren und mit Salz abschmecken. Geschälten Sesam in einer Pfanne goldbraun rösten.

3. Die Mousse in Schalen füllen und jeweils etwas Olivenöl und Sesam darüber geben. Tomaten in Scheiben schneiden. Nach Belieben mit Tomatenscheiben und Petersilie dekorieren.

Pro Portion ca. 340 kcal

Fertig in 45 Minuten, davon Zubereitung 15 Minuten

Dazu: kleine neue Kartoffeln in der Schale gekocht und mit grobem Meersalz bestreut

TAHINI
ist eine nussig schmeckende Paste aus gerösteten und gemahlenen Sesamkörnern. Man bekommt sie in türkischen Geschäften und Gewürzläden. Im Kühlschrank aufbewahren.

11

Gebackener Camembert mit Preiselbeeren

FÜR 4 PERSONEN

1 Ei, Salz
Pfeffer aus der Mühle
2 EL Mehl
100 g Semmelbrösel
2 Schachteln Camembert
(à 125 g, 55 % Fett i. Tr.)
Öl zum Ausbacken
1 Bund krause Petersilie
1 kleines Glas Preiselbeeren
(150 g Einwaage)
4 Scheiben Schwarzbrot
4 grüne Salatblätter

Abwandlung

Wenn Sie 50 Gramm
Semmelbrösel und
50 Gramm geriebene
Walnüsse mischen, ergibt
das eine nussig
schmeckende Kruste.

1. Das Ei in einem tiefen Teller aufschlagen, etwas Salz und Pfeffer dazugeben und mit dem Schneebesen verquirlen. Mehl und Semmmelbrösel getrennt in flache Schalen geben.

2. Die Camemberthälften zuerst in Mehl, dann im Ei und anschließend in den Semmelbröseln wenden; die

TIPP

Camembert aus pasteurisierter Kuhmilch gibt es in verschiedenen Fettstufen, zum Ausbacken eignet sich eine Sorte mit 50 bis 60 % Fett i. Tr. am besten.
Den Käse möglichst erst unmittelbar vor dem Zubereiten aus dem Kühlschrank nehmen. Das verhindert, dass er beim Ausbacken platzt und ausläuft. Zum Ausbacken eignen sich neutrales Öl, Butterschmalz, Palmin und Biskin. Alle Fette können Sie bis zu viermal verwenden. Wichtig für die Haltbarkeit: Das Fett noch heiß durch einen Kaffeefilter gießen und abkühlen lassen; dann wieder kühl stellen.

Brösel gut andrücken, damit sich um den Käse eine geschlossene Panade bildet.

3. Inzwischen das Öl in einem schmalen, hohen Topf auf etwa 180 Grad erhitzen. Die richtige Temperatur prüfen Sie so: 1 Stückchen Weißbrot mit einem langen Spieß (oder einer Pinzette) ins heiße Öl tauchen oder einen Holzlöffel in das heiße Öl halten. Wenn das Brot schnell bräunt oder sich Bläschen am Holzstiel bilden, hat das Fett die richtige Temperatur zum Ausbacken.

4. Den Camembert in das heiße Öl geben und von beiden Seiten schwimmend knusprig und braun ausbacken – das dauert etwa 1 Minute. Camembert zum Abtropfen auf Küchenpapier legen. Dann die Petersilie ins Öl geben und ein paar Sekunden ausbacken: Vorsicht – Spritzgefahr! Den Camembert mit Preiselbeeren und Schwarzbrot servieren. Mit je 1 Salatblatt garnieren.

Pro Portion ca. 380 kcal   Fertig in 15 Minuten

Die Käsestücke müssen zuerst in Mehl und dann in Ei sorgfältig gewendet werden, damit die Semmelbrösel anschließend gut am Käse haften bleiben.

Zum Backen des Camemberts muss das Öl etwa 180 Grad heiß sein: Kochlöffelstiel ins Fett tauchen – wenn sich Bläschen bilden, ist es heiß genug.

Jamaikanische Kürbissuppe

FÜR 4 PERSONEN

1 kleiner Kürbis
(ca. 1 kg; z. B. Hokkaido)
1 großer Apfel
1 Möhre
1 Stück Sellerieknolle
1 bis 2 rote Chilischoten
2 Knoblauchzehen
1 EL Butter
1 l Gemüsebrühe (Instant)
150 ml Schlagsahne
Salz
1 TL gemahlener Ingwer
1 Bund Schnittlauch

Gewürzsahne:

150 g Crème fraîche
1 EL Zitronensaft
1 TL Zucker
1 TL Tandoori

1. Den Kürbis schälen und die Kerne entfernen. Den Apfel schälen und entkernen, Möhre und Sellerie schälen und waschen. Kürbisfruchtfleisch und Apfel in fingerdicke Würfel schneiden, Möhre und Sellerie klein würfeln. Chilischoten entkernen, Knoblauch abziehen, beides hacken und zusammen mit Möhre und Sellerie in heißer Butter andünsten. Nach etwa 3 Minuten Kürbis, Apfel und Brühe hinzufügen. Zugedeckt 20 Minuten sanft köcheln lassen.

2. Sahne zugießen und alles mit dem Schneidstab leicht anpürieren. Die Suppe mit Salz und Ingwer abschmecken.

3. Für die Gewürzsahne Crème fraîche mit Zitronensaft, Zucker und Tandoori verrühren.

4. Schnittlauch in Ringe schneiden. Die Suppe in Schälchen füllen und mit etwas Gewürzsahne und Schnittlauch anrichten.

Pro Portion ca. 380 kcal

Fertig in 45 Minuten, davon Zubereitung 25 Minuten

Dazu: Brot

TANDOORI
ist eine indische Gewürzmischung, die es in Asienläden oder im Reformhaus gibt. Sie besteht aus 12 Gewürzen: Kurkuma, Paprika, Kardamom, Chillies, Knoblauch, Koriander, Kreuzkümmel, Pfeffer, Safran, Muskat, Zimt und Nelken.

Kartoffelsalat mit Räucherfisch

FÜR 4 PERSONEN

1 kg kleine fest
kochende Kartoffeln
1 Zwiebel
1/8 l Rindfleischbrühe
(Instant)
3 EL Essig
1/2 TL Zucker
Salz
3 Spritzer Tabasco
4 EL Olivenöl
2 knackige Äpfel
2 EL Meerrettich (Tube
oder Glas)
1 Bund Brunnenkresse
1 kleiner Kopfsalat
4 geräucherte Forellen-
filets (à 125 g)

1. Die Kartoffeln in der Schale kochen, abschrecken und pellen. Die Zwiebel abziehen, würfeln und mit Brühe, Essig, Zucker, etwas Salz und Tabasco aufkochen. In eine Schüssel geben und das Öl darunter schlagen.

2. Die noch warmen Kartoffeln in Scheiben schneiden. Die Äpfel vierteln, entkernen, in feine Scheibchen schneiden und zusammen mit dem Meerrettich unter die Kartoffeln heben. 30 Minuten durchziehen lassen.

3. Inzwischen die Brunnenkresse verlesen, die groben Stiele entfernen. Kresse und Kopfsalat waschen und trockenschleudern. Die Forellenfilets im Backofen bei niedrigster Temperatur (50 Grad) etwa 10 Minuten erwärmen. Kopfsalatblätter auf vier Teller verteilen. Kartoffelsalat, Kresse und Forellenfilets darauf anrichten.

Pro Portion ca. 400 kcal

Fertig in 60 Minuten, davon Zubereitung 30 Minuten

Dazu: kräftiges Vollkornbrot

Salat mit Mozzarella-Tomaten

FÜR 2 PERSONEN

200 g grüner Salat
(z. B. Pflück- oder Feldsalat
bzw. Rauke)
12 Baguettescheiben
1 EL Sardellenpaste
1 1/2 EL Butter
4 Tomaten
150 g Mozzarella
Vinaigrette:
2 EL Weinessig
je 1 Prise Salz, Zucker
1/2 TL Senf
4 EL Olivenöl

1. Den grünen Salat waschen, trockenschleudern und klein zupfen. Auf zwei Tellern anrichten. Für die Vinaigrette alle angegebenen Zutaten in ein Schraubdeckelglas geben und kräftig schütteln.

2. Baguettescheiben im Toaster oder unter dem Backofengrill rösten. Sardellenpaste und Butter mit einer Gabel verkneten und die gerösteten Brote damit bestreichen. Tomaten und Mozzarella in Scheiben schneiden. Die bestrichene Seite mit je 1 Tomaten- und Mozzarellascheibe belegen. Auf einen Bogen Alufolie legen und unter dem vorgeheizten Grill backen, bis der Käse zerläuft (etwa 1 1/2 Minuten).

3. Die Vinaigrette über den Salat geben. Die gegrillten Brote sofort darumsetzen.

Pro Portion ca. 610 kcal   Fertig in 20 Minuten

14

Spargelsalat mit Lachs

FÜR 2 PERSONEN

500 g weißer Spargel

Salz, Zucker

1 Ei

2 EL Zitronensaft

1 EL Balsamessig

1/4 TL milder Senf

1 kleine Schalotte

5 EL Olivenöl

1 kleiner grüner Salat

(z. B. Endiviensalat)

150 g geräucherter Lachs

2 TL getrocknete

rote Pfefferkörner

Basilikumblätter

1. Den Spargel schälen und in Stücke schneiden. In einer halben Tasse Wasser, mit etwas Salz und Zucker gewürzt, zum Kochen bringen; zugedeckt 8 bis 10 Minuten (je nachdem, wie dick der Spargel ist) gar kochen. Das Ei hart kochen.

TIPP

Achten Sie beim Spargel-Einkauf darauf, dass die Schnittflächen feucht und frisch sind; die Stangen dürfen sich auf Druck kein bisschen biegen. Zum Aufbewahren den Spargel kalt abspülen, in ein feuchtes Küchentuch einschlagen und in den Kühlschrank legen. Man rechnet pro Person etwa 400 bis 500 Gramm, im Salat reichen 250 Gramm.

2. Zitronensaft, Balsamessig, Senf, etwas Zucker und Salz verrühren. Die Schalotte halbieren und durch die Knoblauchpresse darüber pressen. Öl darunter schlagen. Den noch warmen Spargel zur Vinaigrette geben und vorsichtig durchschwenken.

3. Den Salat waschen und trockenschleudern, klein zupfen und auf zwei Teller verteilen. Den Spargel darauf anrichten. Lachs in breite Streifen schneiden und dazugeben. Den Salat mit je 1 Eihälfte, roten Pfefferkörnern und Basilikum garnieren.

Pro Portion ca. 500 kcal

Fertig in 30 Minuten, davon Zubereitung 20 Minuten

Dazu: Baguette

Marinierte Artischocken

FÜR 2 PERSONEN
500 g kleine
Artischocken mit Stiel
Salz
ca. 5 EL Weißweinessig
Saft von 1/2 Zitrone
1/2 Bund glatte Petersilie
1 kleine Schalotte
Zucker
1 Messerspitze Dijonsenf
3 EL Olivenöl

1. Die Artischocken waschen, die unteren grünen Blätter abbrechen, den oberen Teil mit einem sehr scharfen Messer abschneiden. Die Stiele wie Spargel schälen. Die Artischocken sofort in Salzwasser mit 3 EL Essig legen, damit sie nicht dunkel anlaufen.

2. Etwa 1 1/2 Liter Salzwasser mit Zitronensaft zum Kochen bringen. Artischocken hineingeben und in etwa 15 Minuten weich kochen. Abgießen. Petersilie abspülen, trockentupfen und die Blätter fein hacken.

Die Schalotte schälen und fein hacken. Mit je 1 Prise Salz, Zucker, restlichem Essig und Senf verrühren. Olivenöl darunter rühren.

3. Die noch warmen Artischocken längs halbieren und auf einer Servierplatte anrichten. Mit der Vinaigrette begießen. Zugedeckt abkühlen lassen.

Pro Portion ca. 160 kcal

Fertig in 30 Minuten, davon Zubereitung 15 Minuten

Artischocken laufen an der Luft schnell braun an. In Salzwasser und Essig gelegt behalten sie ihre frische grüne Farbe. Auf Italiens Märkten werden sie im Frühling schon geschält angeboten – sie lagern in Bottichen mit Essigwasser.

Gefüllte Weinblätter

FÜR 4 PERSONEN

etwa 30 große
frische Weinblätter
50 g Langkornreis
1 kleine Zwiebel
200 g Rinderhack
1/2 TL Salz
je 1 Prise Nelken,
Zimt und Kreuz-
kümmel (gemahlen)
4 EL Olivenöl
2 Knoblauchzehen
1 Zitrone
etwas Cayennepfeffer
2 EL Zitronensaft
200 g Trinkmilchjoghurt

Abwandlung

Beliebigen Käse, z. B.
würzigen Bergkäse oder
milden Leerdamer würfeln
und in große, frische, nicht
blanchierte Blätter wickeln,
mit der Nahtstelle nach
unten in eine ofenfeste Form
legen. Etwas Olivenöl
darüber träufeln und bei
225 Grad/Umluft 200 Grad/
Gas Stufe 4 etwa 15 Minuten
backen. Schmeckt toll mit
Brot – solange der Käse
noch warm und weich ist.

1. Die Weinblätter kurz in kochendes Wasser tauchen und anschließend in kaltes Wasser legen, die harten Stiele abschneiden. Reis 5 Minuten vorkochen. Die Zwiebel sehr fein hacken. Reis, Zwiebel, Hackfleisch, Salz, Gewürzzutaten wie Nelken, Zimt und Kreuzkümmel und 2 EL Olivenöl vermischen.

2. Die Weinblätter füllen: 1 EL der Füllung in die Nähe des Stielendes geben, beide Blattseiten nach innen über die Füllung schlagen und einrollen. Die Rollen mit der Nahtstelle nach unten dicht nebeneinander in

TIPP

Wer keine frischen Weinblätter hat, kann eingelegte verwenden. Sie müssen kurz in kochendem Wasser blanchiert werden, sonst sind sie zu salzig.

einen flachen Topf legen. Knoblauch in Scheiben schneiden und dazwischenlegen. Die Röllchen mit Zitronenscheiben und restlichen Weinblättern belegen. 1 Tasse Wasser, restliches Olivenöl, Cayennepfeffer und Zitronensaft verrühren und über die Rollen gießen. Mit einem Teller beschweren.

3. Den Topf verschließen und die gefüllten Weinblätter etwa 30 Minuten bei kleiner Hitze sanft gar dünsten. Die Röllchen im Topf abkühlen lassen. Joghurt mit dem Garsud aus dem Topf aufschlagen, mit Cayennepfeffer bestreuen und mit den Röllchen anrichten.

Pro Portion ca. 240 kcal

Fertig in 50 Minuten, davon Zubereitung 20 Minuten

Bagels mit Feigen und Käse

FÜR 2 PERSONEN

2 frische Feigen
1 EL Butter
1 TL Honig
Saft von 1 Orange
1 EL Balsamessig
2 Sesam-Bagels
100 g Stilton-Käse
(oder Edelpilz-Käse)
Zitronenmelisse zum
Garnieren

1. Die Feigen abspülen und halbieren. Butter in einer kleinen Pfanne erhitzen und die Feigen auf der Schnittfläche etwa 1 Minute andünsten. Dann Honig, Orangensaft und Essig hinzufügen und die Feigen 2 Minuten beidseitig weiterdünsten.

2. Die Bagels quer aufschneiden und im Toaster oder unter dem Grill rösten. Den Käse zerbröseln und auf den Schnittflächen der Bagels anrichten. Die warmen Feigenhälften darauf setzen und mit dem entstandenen Feigensirup beträufeln. Mit Zitronenmelisse garnieren.

Pro Portion ca. 420 kcal **Fertig in 15 Minuten**

Eier im Näpfchen

FÜR 4 PERSONEN

150 g gekochter Schinken
1 Schalotte
150 g Champignons
2 1/2 EL weiche Butter
1 kleine rote Paprikaschote
1 Tablett Kresse
4 Eier
1/4 l Schlagsahne
Salz
Cayennepfeffer

1. Schinken fein würfeln. Schalotte abziehen und würfeln. Champignons mit einem Pinsel putzen, klein schneiden oder hacken. Schalotte und Champignons unter Rühren in 1 EL Butter andünsten. Paprikaschote waschen, rundherum mit dem Sparschäler schälen, die Kerne entfernen und die Schote fein würfeln. Kresse mit einer Schere vom Beet schneiden. Den Backofen auf 180 Grad/ Umluft 160 Grad/Gas Stufe 2 vorheizen.

2. Kleine Näpfchen (etwa 150 ml Inhalt) mit der restlichen Butter auspinseln. Paprika, Champignons und Kresse abwechselnd einfüllen. Die Eier mit Schlagsahne, Salz, Cayennepfeffer verquirlen und über das Eingeschichtete in die Näpfchen gießen.

3. Die Näpfchen in ein heißes Wasserbad stellen und mit einem Bogen Pergamentpapier oder Alufolie locker abdecken. Im vorgeheizten Backofen 20 Minuten backen.

Pro Portion ca. 260 kcal

Fertig in 40 Minuten, davon Zubereitung 20 Minuten

Dazu: ein kleiner Salat und Knoblauchbrot

TIPP

Kresse – ein sehr schmackhaftes Küchenkraut – verliert, wenn sie welk wird, sofort ihr Aroma. Kaufen Sie Kresse im feuchten Beet, dann bleiben die zarten Blättchen bis zum Verbrauch frisch.

Mais-Tomaten-Muffins

FÜR 12 MUFFINS
375 ml Milch
200 g Polenta (grober Maisgrieß)
50 g weiche Butter
50 g Mehl
1 Päckchen Backpulver
Zucker
Salz
2 kleine Eier
12 kleine Tomaten
1 kleiner Zweig Rosmarin
2 Knoblauchzehen

1. Die Milch zum Kochen bringen und die Polenta einrühren; 10 Minuten quellen lassen. Muffinförmchen oder kleine Papier-Backförmchen mit etwas weicher Butter auspinseln. Den Backofen auf 200 Grad/Umluft 180 Grad/Gas Stufe 3 vorheizen.

2. Mehl, Backpulver, 1 TL Zucker und 1 1/2 TL Salz mischen. Restliche Butter und Eier cremig schlagen, Grießbrei

TIPP

So können Sie kleine Muffin-Backformen selbst „bauen": Quadrate aus extrastarker Alufolie mit der glänzenden Seite nach innen über eine Tasse stülpen, formen und wieder abheben – fertig ist ein Förmchen zum Füllen.

und Mehlmischung esslöffelweise darunter rühren. Den Teig in die vorbereiteten Muffinformen füllen.

3. Die Tomaten abspülen, die Rosmarinnadeln abstreifen. Die Stielansätze der Tomaten mit einem spitzen Messer ausstechen. Knoblauch abziehen, in kleine Schnitze schneiden. Je 1 Knoblauchschnitz und ein paar Rosmarinnadeln in die Stielansätze stecken. Je 1 Tomate in den Teig setzen.

4. Die Muffins im vorgeheizten Ofen etwa 30 Minuten backen.

Pro Portion ca. 145 kcal

Fertig in 50 Minuten, davon Zubereitung 20 Minuten

Spanische Tapas

FÜR 4 PERSONEN

Marinierte Champignons:

250 g braune Champignons
Salz
1 Knoblauchzehe
2 EL Zitronensaft
3 EL Olivenöl
frisch gemahlener Pfeffer
1 Bund glatte Petersilie

Fleischbällchen:

250 g Rinderhack
1/2 Zwiebel
1 EL Semmelmehl
2 EL Schlagsahne
Salz
frisch gemahlener Pfeffer
2 EL gehackte Petersilie
1 Eigelb
2 vollreife Tomaten
1 EL Öl
1 Knoblauchzehe

Gambas Piri-Piri:

8 TK-rote Riesengambas
2 Knoblauchzehen
4 EL Öl, Salz
4 Spritzer Tabasco (Piri-Piri)
1 EL glatte Petersilie

1. Marinierte Champignons: Die Pilze mit einem Pinsel säubern, dann in Salzwasser 3 Minuten kochen. Knoblauch halbieren, durch die Knoblauchpresse in eine Schüssel pressen und mit Zitronensaft, Olivenöl und Pfeffer verquirlen. Pilze abgießen, in der Marinade schwenken. Abgedeckt abkühlen lassen. Die Petersilie abspülen, hacken und darüber streuen.

TIPP

Was außerdem zum Tapa-Büfett gehört: Mit Paprika gefüllte Oliven, fein geschnittenes rohes Gemüse, Käse, spanische Wurst (Chorizo) und Serrano-Schinken, geröstete Mandeln und scharf gewürzte Muscheln (gibt es in Dosen). Als Getränk ist ein trockener, gut gekühlter Sherry oder ein roter Rioja zu empfehlen. Übrigens: „Tapa" bedeutet „Deckel", und der soll angeblich die Wirkung des Alkohols dämpfen.

2. Fleischbällchen: Hack in eine Schüssel geben. Die Zwiebel abziehen und darüber reiben. Semmelmehl, Sahne, Salz, Pfeffer, gehackte Petersilie und Eigelb unterkneten. Walnussgroße Bällchen von etwa 20 g formen. Die Bällchen in siedendem Salzwasser gar ziehen lassen (die Klößchen sind gar, wenn sie oben schwimmen). Die Tomaten klein schneiden und in Öl andünsten. Mit durchgepresster Knoblauchzehe, Salz und Pfeffer würzen. Die abgetropften Fleischbällchen darin schwenken, abkühlen lassen.

3. Gambas: Die Gambas längs halbieren, die Därme entfernen. Knoblauch abziehen und hacken. Öl, Salz, Tabasco und Knoblauch erhitzen. Die Gambas unter Rühren 2 Minuten darin dünsten – nicht länger! Petersilie über die Gambas verteilen. Heiß aus der Pfanne schmecken sie am besten.

Pro Portion ca. 490 kcal   Fertig in 30 Minuten

Pikante kleine Leckerbissen in interessanter Zusammenstellung: große Kapern, Oliven am Spieß, marinierte Paprika mit Knoblauch, Champignons, eine Gamba, ein Fleischbällchen und etwas Brot.

Salat mit Avocado

FÜR 2 PERSONEN
100 g Pflück- oder Kopfsalat
1 kleines Bund frische
Zitronenmelisse
1 Apfel
150 g Kirschtomaten
1 weiche Avocado
50 g geröstete Erdnüsse
Vinaigrette:
2 EL Weinessig
1 TL Honig
Salz
frisch gemahlener Pfeffer
1/2 TL Senf
4 EL Öl
1 Spritzer Chiliöl

1. Salat und Melisse waschen und trockenschleudern. Den Salat klein zupfen, Melisseblättchen vom Stiel zupfen. Apfel und Tomaten abspülen. Den Apfel vierteln, entkernen und fein hobeln. Die Tomaten halbieren und in schmale Spalten schneiden. Die Avocado schälen, halbieren und den Kern entfernen. In schmale Spalten schneiden.

2. Alle vorbereiteten Zutaten auf zwei Teller verteilen. Für die Vinaigrette die angegebenen Zutaten verrühren und über den Salat geben. Zum Schluss die Erdnüsse darüber streuen.

Pro Portion ca. 460 kcal   Fertig in 20 Minuten

Dazu: Baguette

Tomatencremesuppe

FÜR 2 PERSONEN
1 Paket pürierte
Tomaten (500 g)
4 EL Kürbiskerne
4 Orangen
1/2 Bund glatte Petersilie
etwa 10 Basilikumblätter
200 ml saure Sahne
Kräutersalz
Cayennepfeffer
Salz

1. Pürierte Tomaten langsam in einem Topf erhitzen. Kürbiskerne in einer kleinen Pfanne ohne Fett rösten, bis sie knacken und sich aufblähen. 1 Orange wie einen Apfel schälen und das Fruchtfleisch zwischen den Trennwänden herausschneiden; die anderen Orangen auspressen.

2. Die Hälfte der Petersilie und die Basilikumblätter grob hacken und mit der Hälfte der Sahne mit dem Schneidstab pürieren. Mit 1 Prise Kräutersalz würzen. Etwa 2 EL von der restlichen sauren Sahne, den Orangensaft und 1 Prise Cayennepfeffer zum Tomatenpüree geben. Die Suppe mit dem Schneidstab aufmixen und mit Salz abschmecken.

3. Die Suppe mit zartgrüner Petersiliensahne, restlicher saurer Sahne, Orangenfilets und gerösteten Kürbiskernen anrichten.

Pro Portion ca. 350 kcal   Fertig in 20 Minuten

Dazu: Grissini

Toast-Lasagne

FÜR 2 PERSONEN
4 Scheiben Butter-
toastbrot (à 25 g)
2 Eier
100 ml Milch
Cayennepfeffer
Salz
30 g Butter für Form
und Flöckchen
1/2 Bund glatte Petersilie
75 g gekochter
Schinken (2 Scheiben)
150 g Mozzarella
150 g Kirschtomaten
20 g frisch geriebener
Parmesan-Käse

1. Die Toastscheiben im Toaster oder unter dem Backofengrill hellbraun rösten. Eier und Milch verquirlen, mit 1 Prise Cayennepfeffer und etwas Salz würzen. Die Toastscheiben zum Vollsaugen in die Eiermilch legen. Zwei kleine Gratinformen (ø 18 bis 20 cm) mit der Hälfte der Butter einfetten. Den Backofen auf 225 Grad/Umluft 200 Grad/Gas Stufe 3 vorheizen.

2. Petersilie abspülen, trockentupfen und fein hacken. Den gekochten Schinken zuerst in feine Streifen, dann in Würfel schneiden und anschließend fein hacken. Mozzarella in dünne Scheiben schneiden.

3. Je 1 der getränkten Toastscheiben in die Formen legen und mit der Hälfte Schinken und Petersilie bestreuen, mit Mozzarella belegen. Mit der 2. Toastscheibe abdecken und die restlichen Zutaten darauf geben. Tomaten klein schneiden und drumherum verteilen.

4. Die restliche Butter in Flöckchen darauf setzen. Den Parmesan-Käse über Toast und Tomaten verteilen. Die Form auf dem Rost in den Backofen schieben und in etwa 15 Minuten goldbraun backen.

Pro Portion ca. 730 kcal

Fertig in 30 Minuten, davon Zubereitung 15 Minuten

Dazu: ein kleiner Salat

Die Toastscheiben sollten in einer Schüssel mit glattem Boden liegen, damit sie sich gut mit der Eiermilch vollsaugen können.

Die Toastscheiben flach belegen, damit die Zutaten gut übereinander geschichtet werden können.

Eiersalat mit Krabben

FÜR 4 PERSONEN

1 Paket rohe
TK-Krabben (ca. 200 g)
6 Eier
100 g Rauke
100 g Bärlauch
100 g Pflück- oder Kopfsalat
1 Bund glatte Petersilie
2 EL Sonnenblumenöl
1 Knoblauchzehe
2 Spritzer Tabasco
Kräutersalz
frisch gemahlener Pfeffer
Saft von 1/2 Zitrone

Vinaigrette:
1 TL Senf
3 EL Weinessig
1/2 TL Zucker
5 EL Olivenöl

1. Die Krabben auftauen lassen. Die Eier in etwa 8 Minuten hart kochen, in kaltem Wasser abkühlen lassen. Die Wildkräuter, den Salat und die Petersilie putzen, waschen und trockenschleudern. Die Stiele von der Rauke entfernen, die Blätter des Bärlauchs in feine Streifen schneiden, den grünen Salat klein zupfen.

2. Den Salat auf Teller verteilen. Die Eier pellen, vierteln und auf den Tellern arrichten.

TIPP

Schonend auftauen: Schalentiere der Krabbenfamilie werden meistens roh und tiefgefroren angeboten. Damit das Krabbenfleisch nicht an Qualität einbüßt, Krabben und Co. einige Stunden vor dem Zubereiten im Kühlschrank auftauen lassen.

3. Für die Vinaigrette alle angegebenen Zutaten in ein Schraubglas geben und kräftig schütteln.

4. Die Petersilie fein hacken. Sonnenblumenöl in einer Pfanne erhitzen, Knoblauch halbieren und in die Pfanne pressen, Krabben und Petersilie dazugeben. Unter Rühren etwa 1 1/2 Minuten dünsten. Mit Tabasco, Kräutersalz, Pfeffer und Zitronensaft würzen.

5. Die vorbereitete Vinaigrette über Salat und Eier verteilen. Zum Schluss die warmen Kräuterkrabben über den Salat geben.

Pro Portion ca. 370 kcal   Fertig in 25 Minuten

Dazu: geröstetes Baguette

BÄRLAUCH
ist eine Wildpflanze, die nur im Frühling in schattigen feuchten Wäldern wächst. Neuerdings wird sie auch in Gartenbetrieben angebaut und im Mai und Juni auf Märkten angeboten. Mit seinem knoblauchartigen Duft passt Bärlauch in viele Zubereitungen mit Fisch, Fleisch, Suppen und Salaten. Die lanzenförmigen Blätter sollten möglichst frisch verarbeitet werden.

Kokosmilch-Garnelen-Suppe

FÜR 4 PERSONEN
2 Knoblauchzehen
30 g frische Ingwerwurzel
1 Zwiebel
1 kleine rote Chilischote
2 EL Öl
200 g gekochte geschälte Garnelen
1 Briefchen Safranfäden
1 Dose Kokosmilch (250 ml)
1/4 l Milch
1/4 l Geflügelbrühe (Instant)
1/2 TL Speisestärke
Salz, frisch gemahlener Pfeffer
1 dünne Frühlingszwiebel

1. Knoblauch abziehen und fein würfeln. Die Ingwerwurzel schälen und fein hacken. Die Zwiebel fein würfeln. Chilischote entkernen und fein hacken. Öl in einem Topf erhitzen und den Knoblauch unter Rühren goldbraun braten; herausnehmen und auf Küchenpapier trockentupfen. Die Garnelen im heißen Öl etwa 1 Minute schwenken, herausnehmen.

2. Ingwer, Zwiebelwürfel, Chilischote und Safran in die Pfanne geben und unter Rühren 2 Minuten dünsten. Dann Kokosmilch, Milch und Brühe einrühren. Die Suppe 5 Minuten sanft köcheln lassen. Speisestärke mit etwas Wasser anrühren und zur Bindung in die Suppe rühren; mit Salz und Pfeffer abschmecken.

3. Die Garnelen in die Suppe geben und erwärmen. Die Frühlingszwiebel in sehr feine Ringe schneiden, zum Anrichten mit dem gebräunten Knoblauch auf die Suppe streuen.

Pro Portion ca. 150 kcal   **Fertig in 30 Minuten**

Dazu: Baguette

Paprika-Rollen

FÜR 4 PERSONEN
je 2 rote und gelbe
Paprikaschoten
200 g Mozzarella
frische Basilikumblätter
4 EL Olivenöl
2 EL Zitronensaft
1 Knoblauchzehe
Salz

Abwandlung
Statt Mozzarella können
Sie auch frischen
Ziegenkäse oder milden
Feta-Käse einwickeln.

1. Die Paprikaschoten waschen, abtrocknen, halbieren und die Kerne entfernen. Die Schoten auf dem Rost im Backofen bei 225 Grad/Umluft 200 Grad/Gas Stufe 4 etwa 20 Minuten braun rösten.

2. Die Schoten ca. 10 Minuten abkühlen lassen, dann abziehen und dabei den Saft auffangen. In etwa 4 cm breite Streifen schneiden.

3. Mozzarella in daumendicke Würfel schneiden, mit frischen Basilikumblättchen in je 1 Paprikastreifen wickeln und auf kleine Spieße stecken. In eine flache Schüssel legen.

4. Den Abtropfsaft der Schoten mit Olivenöl, Zitronensaft, durchgepresstem Knoblauch und Salz verrühren; über die Röllchen verteilen. Bis zum Essen kalt stellen.

Pro Portion ca. 430 kcal

Fertig in 50 Minuten, davon Zubereitung 25 Minuten

Hähnchensalat mit Melone

FÜR 4 PERSONEN

400 g Hähnchenbrustfilet
1 EL Puderzucker
1 EL Speisestärke
Cayennepfeffer
Salz
Saft von 1/2 Zitrone
1/2 Eisbergsalat
1/2 Wassermelone
(ca. 500 g Fruchtfleisch)
50 g Kürbiskerne
3 EL Öl zum Braten

Vinaigrette:

2 EL Weinessig
2 EL Balsamessig
1/2 TL Senf
1 TL Zucker, etwas Salz
6 EL Olivenöl

1. Das Hähnchenfleisch abspülen, trockentupfen und in etwa 1/2 cm dicke Streifen schneiden. Puderzucker, Speisestärke, etwas Cayennepfeffer, Salz und Zitronensaft vermischen. Das Fleisch darin wenden und bis zum Braten ziehen lassen.

2. Den Salat waschen, trockenschleudern und klein zupfen. Melonenfleisch entkernen und in Stücke schneiden.

3. Für die Vinaigrette alle Zutaten in ein Schraubdeckelglas geben und kräftig schütteln.

4. Kürbiskerne ohne Fett in einer Pfanne rösten. Anschließend Öl in einer beschichteten Pfanne erhitzen und das Hähnchenfleisch unter Rühren etwa 3 Minuten kräftig anbraten.

5. Den Salat auf Tellern anrichten, das Fleisch darauf verteilen. Mit Vinaigrette beträufeln und mit Kürbiskernen bestreuen.

Pro Portion ca. 440 kcal   Fertig in 30 Minuten

Dazu: Baguette

Bunter Salatteller mit pochiertem Ei

FÜR 2 PERSONEN

50 g Rauke
100 g Radicchio
1 kleiner Römersalat
1 kleine Salatgurke (150 g)
2 Strauchtomaten

Vinaigrette:
1/2 TL Senf
3 EL frisch gepresster
Orangensaft
1 TL Honig
etwas Salz und
Cayennepfeffer
2 EL Essig
5 EL Olivenöl

für die Eier:
1 TL Salz
3 EL Essig
2 Eier
frisch gemahlener Pfeffer
6 Scheiben Weizen-
brot (Ciabatta)
4 EL Öl
2 Knoblauchzehen
1/2 Bund Petersilie

1. Rauke sowie Radicchio- und Römer-salat waschen, trockenschleudern und klein zupfen. Die Gurke waschen und in feine Scheibchen hobeln oder schneiden. Die Tomaten überbrühen, häuten und in Würfel schneiden.

2. Für die Vinaigrette alle angege-benen Zutaten in ein Schraubdeckel-glas geben und kräftig schütteln.

3. Für die Eier 1 l Wasser mit Salz und Essig zum Sieden bringen. Die

TIPP

Wenn man Knoblauch zusammen mit etwas Salz hackt, mildert das die Schärfe und den Geschmack. Übrigens: Knoblauch immer kühl aufbewahren – am besten im Kühlschrank, sonst trocknet die Knolle aus und verliert an Aroma.

Eier einzeln in einer Schöpfkelle auf-schlagen und nacheinander in das siedende Wasser gleiten lassen. Die Temperatur reduzieren. Die Eier in etwa 4 Minuten gar ziehen lassen – das Eiweiß muss schon fest sein, das Eigelb noch weich. Mit einer Schaumkelle herausheben und kurz in kaltes Wasser tauchen. Auf einem Küchentuch abtropfen lassen.

4. Zum Anrichten alle Salatzutaten auf zwei Teller verteilen. Das pochier-te Ei jeweils in die Mitte setzen, etwas Pfeffer darüber geben. Die Vinaigrette über den Salat träufeln.

5. Die Brotscheiben in einer Pfanne in heißem Öl knusprig braten, Knob-lauch und Petersilie fein hacken und darüber streuen. Heiß servieren.

Pro Portion ca. 610 kcal   **Fertig in 30 Minuten**

Möhren-Kokos-Suppe

FÜR 4 PERSONEN

1 Zwiebel
500 g Möhren
1 EL Butter
1 TL Mehl
1/2 TL Currypulver
1/4 TL Cayennepfeffer
3/4 l Gemüsebrühe (Instant)
1 kleine Dose konzentrierte
Kokosmilch (125 g)
Saft von 1 Orange
Salz
200 ml saure Sahne
5 EL Kokosflocken

1. Die Zwiebel würfeln. Möhren schälen und klein schneiden. Beides in einem Topf in Butter andünsten. Mehl, Curry und Cayennepfeffer darüber stäuben, kurz anschwitzen. Mit Gemüsebrühe ablöschen und zugedeckt etwa 5 Minuten köcheln lassen, bis die Möhren gar sind.

2. Alles pürieren und dabei die Kokosmilch und den Orangensaft hinzufügen. Die Suppe mit Salz abschmecken, mit saurer Sahne und Kokosflocken anrichten.

Pro Portion ca. 180 kcal   **Fertig in 25 Minuten**

TIPP

Große Kokosflocken und Kokosmilch in Dosen gibt es in der Lebensmittelabteilung großer Kaufhäuser und in Reformhäusern.

Toast Hawaii

FÜR 4 PERSONEN

2 TL eingelegte
grüne Pfefferkörner
2 EL Butter
4 Scheiben Vollkorntoastbrot
4 Scheiben gekochter
Schinken (ca. 250 g)
4 Scheiben Ananas (Dose)
4 Scheiben Käse
(z. B. Edamer)

zum Anrichten:

4 TL Preiselbeeren (Glas)
4 Salatblätter
2 Tomaten
2 Mandarinen

1. Die Pfefferkörner abtropfen lassen. Auf ein Holzbrett geben und mit einem schweren Messer grob zerhacken. Anschließend mit einer Gabel unter die Butter kneten. Die Toastscheiben toasten.

2. Die gerösteten Toastscheiben sofort mit der Pfefferbutter bestreichen. Nacheinander mit je 1 Scheibe Schinken und Ananas belegen. Den Käse in Streifen schneiden und darüber legen.

3. Die belegten Toastscheiben auf einen Bogen Alufolie legen. Auf den Backofenrost legen und im vorgeheizten Grilltoaster oder unter dem Backofengrill 4 bis 5 Minuten überbacken. Wer keinen Grill hat, stellt den Ofen auf die größte Hitze. Den fertigen Toast mit 1 TL Preiselbeeren, Salatblättern sowie Tomaten- und Mandarinenscheiben anrichten.

Pro Portion ca. 480 kcal   **Fertig in 25 Minuten**

Schinken und Käse so auf die Toastscheibe legen, dass der Käse beim Schmelzen nicht herunterläuft. Der Käse sollte 45 % Fett haben und kann auch als Scheibe oder gerieben aufgelegt werden – Hauptsache, er schmilzt gut.

Der Toast backt am besten auf einem Bogen Alufolie – so bleibt der Backofen sauber, wenn der Käse tropft, und die Scheiben lassen sich gut ablösen.

2. KAPITEL

Pizzen, Quiches und Tartes

KÖSTLICHKEITEN AUS DEM BACKOFEN

30

Tomaten-Quiche

FÜR 6 STÜCKE

Teig:
200 g Weizenmehl
100 g Butter oder Margarine
50 g Speisequark (Magerstufe)
1/2 TL Salz

Belag:
750 g reife Tomaten
1 Topf Basilikum
1 Bund glatte Petersilie
150 g Ziegen-Gouda
200 g Speisequark (Magerstufe)
2 Eier
2 EL Speisestärke
Salz
frisch gemahlener Pfeffer
50 g Pinienkerne

1. Alle Zutaten für den Teig in eine Schüssel geben und verkneten.

2. Für den Belag die Tomaten über- brühen und abziehen. 3 Tomaten längs in schmale Spalten schneiden, entkernen und beiseite stellen. Die restlichen Tomaten grob zerschnei- den und zum Abtropfen auf ein Sieb geben. Basilikum und Petersilie fein hacken. Den Käse grob reiben. Den Backofen auf 200 Grad/Umluft 180 Grad/Gas Stufe 3 vorheizen.

3. Den Teig dünn ausrollen, dann Boden und Rand einer Springform (ø 26 cm) damit auskleiden. Den Boden mehrmals mit einer Gabel einstechen. Grob geriebenen Ziegen- käse, Quark, Eier, Speisestärke, Salz, Pfeffer und Kräuter verrühren. Die zerschnittenen Tomaten vorsichtig darunter heben, alles in die Form geben und glatt streichen. Die Toma- tenspalten darauf anrichten und mit Pinienkernen bestreuen.

4. Die Tomaten-Quiche im vorgeheiz- ten Ofen auf der unteren Schiene in etwa 40 Minuten goldbraun backen.

Pro Stück ca. 470 kcal

Fertig in 70 Minuten, davon Zubereitung 30 Minuten

Nudelpizza

FÜR 4 PERSONEN
1 TL Margarine für die Form
2 Lauchzwiebeln
100 g Schnittkäse
(z. B. Edamer)
1 Dose Maiskörner
(150 g Einwaage)
150 g gekochte Nudeln
(z. B. Tagliatelle)
50 g Salamischeiben
2 Tomaten
1 Kugel Mozzarella (150 g)
2 Eier
Salz, Cayennepfeffer

1. Den Backofen auf 200 Grad/Um- luft 180 Grad/Gas Stufe 3 vorheizen. Eine Pizzaform (ø 24 cm) fetten. Lauchzwiebeln putzen, waschen und in kleine Stücke schneiden. Käse würfeln, Mais abtropfen lassen.

2. Alles zusammen mit den Nudeln in einer Schüssel mischen und in die Form füllen. Salamischeiben darauf verteilen. Tomaten fein würfeln, Mozzarella in Scheiben schneiden und beides darauf anordnen.

3. Eier mit Salz und Cayennepfeffer verquirlen und darüber gießen. Die Nudelpizza im vorgeheizten Ofen etwa 25 Minuten backen.

Pro Portion ca. 480 kcal

Fertig in 35 Minuten, davon Zubereitung 10 Minuten

Dazu: gemischter Salat

TIPP
Dieses Rezept ist ideal, um übrig gebliebene Nudeln vom Vortag zu ver- werten. Statt Salami können Sie auch Schinken oder Räucherfisch nehmen.

Gemüsekuchen

FÜR 6 STÜCKE

je 250 g Brokkoli,
Möhren und Kartoffeln
Salz
1 Dose gekühlter
„Pizza-Teig" (250 g)
Fett für die Form
100 g geriebener
Käse (z. B. Emmentaler)
3 Eier
200 g Schmand
Kräutersalz
frisch gemahlener Pfeffer

Abwandlung
Je nach Jahreszeit
können Sie unterschied-
liche Gemüse nehmen.
Gut geeignet sind
Kohlrabi, Kürbis, Spitzkohl,
Spinat und Mangold.
Wichtig: Das Gemüse
vorher klein schneiden
und garen.

1. Das Gemüse putzen und waschen.
Die Kartoffeln würfeln. Brokkoli in
Röschen zerteilen, Möhren schälen
und würfeln. Das Gemüse in einen
Topf schichten: Zuerst die Möhren,
dann die Kartoffeln und darauf die
Brokkoliröschen. 1/4 l leicht gesalzenes Wasser zugießen und zum Kochen
bringen. Etwa 10 Minuten zugedeckt
gar kochen. Abgießen und kalt abschrecken. Gut abtropfen lassen.
Den Backofen auf 200 Grad/Umluft
180 Grad/Gas Stufe 3 vorheizen.

2. Eine Springform (ø etwa 24 cm)
fetten und mit dem Teig auskleiden,
so dass er über den Formrand ragt;
die Nahtstellen zusammendrücken.
Den Käse auf dem Teigboden verteilen, das Gemüse darauf füllen.
Den Kuchen im vorgeheizten Backofen auf unterer Schiene etwa
15 Minuten vorbacken.

3. Eier, Schmand, Kräutersalz und
Pfeffer verrühren und über das
Gemüse gießen, den Kuchen mit
Pergamentpapier abdecken und 30
Minuten weiterbacken.

Pro Stück ca. 280 kcal

Fertig in 60 Minuten, davon Zubereitung 30 Minuten

Türkischer Gemüsezopf

FÜR 4 PERSONEN

500 g Blattspinat
2 Stangen Porree (400 g)
je 1 Bund Petersilie und Dill
2 Zwiebeln
3 EL Öl
200 g milder Feta-Käse
1 Ei
frisch gemahlener Pfeffer
etwas Kräutersalz
2 EL Butter
1 Packung gekühlte
Yufka-Teigblätter (400 g; in
türkischen Geschäften)
1 Tomate
2 EL geschälte Sesamsaat

1. Spinat waschen und die groben
Stiele entfernen. Den Spinat tropfnass in einen großen Topf geben und
bei größter Hitze zugedeckt zusammenfallen lassen. Anschließend auf
ein Sieb geben und sofort mit kaltem
Wasser abschrecken. Den Spinat mit
den Händen auspressen und klein

TIPP

*Wenn von der Teigpackung etwas
übrig bleibt, lässt sich der Rest gut ver-
packt über Wochen im Kühlschrank
aufbewahren.
Füllen Sie den Teig auch mal süß, z. B.
mit einer Mischung aus gemahlenen
Nüssen und klein geschnittenen Äpfeln.*

schneiden. Porree putzen, waschen
und in feine Ringe schneiden. Kräuter
abspülen, grobe Stiele entfernen, fein
hacken. Die Zwiebeln abziehen und
würfeln.

2. Porree etwa 2 Minuten in Öl weich
dünsten, Spinat und Kräuter hinzufügen, den Feta-Käse grob darüber
reiben, das Ei verquirlen und darunter rühren. Mit Pfeffer und Kräutersalz würzen. Den Ofen auf 200 Grad/
Umluft 180 Grad/Gas Stufe 3 vorheizen.

3. Butter lauwarm schmelzen. 4 Teigblätter der Packung entnehmen.
Backblech mit Butter fetten und die
Teigblätter – jedes mit Butter einge-
pinselt – übereinander darauf legen.
Die Füllung als Längsstreifen in der
Mitte verteilen. Die Tomate abspülen,
würfeln und in die Mitte streuen. Die
Teigblätter zu beiden Seiten der Füllung etwa fingerbreit einschneiden
und über die Spinatfüllung schlagen,
etwas andrücken.

4. Den Zopf mit der restlichen Butter
einpinseln und mit Sesam bestreuen
und im vorgeheizten Backofen etwa
45 Minuten backen. Das knusprige
Gebäck schmeckt warm am besten.

Pro Portion ca. 400 kcal

Fertig in 70 Minuten, davon Zubereitung 25 Minuten

Italienischer Gemüse-kuchen (Foccacia)

FÜR 8 STÜCKE

Teig:
200 g Mehl
4 EL Olivenöl
1 TL Salz

Belag:
1 kleine Staude Mangold (etwa 500 g)
1/2 Kopf Wirsing (etwa 500 g)
Salz
5 EL Olivenöl
1 TL Chiliöl
1 bis 2 Knoblauchzehen
250 g Provolone oder Edamer Käse
Fett für die Form
3 Tomaten

1. Für den Teig das Mehl in eine Schüssel geben, in die Mitte eine Vertiefung drücken. Olivenöl und Salz hineingeben, am besten mit den Händen vom Rand her vermengen und dabei etwa 4 bis 5 EL warmes Wasser dazugeben. Den geschmeidigen Teig abgedeckt ruhen lassen.

2. Den Mangold putzen, die Blätter abschneiden, waschen und in Streifen schneiden (die Stiele können Sie anders verwenden, siehe den TIPP). Den harten Strunk vom Wirsing herausschneiden, die Blätter in Stücke schneiden. Den Wirsing etwa 10 bis 15 Minuten in reichlich Salzwasser kochen. Die Mangoldblätter dazugeben und 2 Minuten mitkochen. Über einem Sieb abgießen. Beide Gemüse mit kaltem Wasser abschrecken und anschließend gut auspressen. Den Ofen auf 225 Grad/Umluft 200 Grad/Gas Stufe 4 vorheizen.

TIPP

So können Sie die Mangoldstiele als Antipasti zubereiten: In kleine Stücke schneiden und mit Mandelstiften, Rosinen, Zwiebeln sowie Knoblauch in Öl dünsten. Mit Balsamessig, Salz und Pfeffer abschmecken.

3. Olivenöl, Chiliöl und durchgepressten Knoblauch in einer Schüssel vermischen, das Gemüse dazugeben und sorgfältig durchmischen. Den Käse in kleine Würfel schneiden. Eine Backform (20 x 30 cm) fetten. Den Teig etwas größer als die Form sehr dünn ausrollen. Boden und Rand damit auslegen und den Boden mehrmals mit einer Gabel einstechen. Käsewürfel und Gemüse darauf verteilen.

4. Die Tomaten überbrühen, häuten und halbieren, dann entkernen und in schmale Spalten schneiden. Zu einem Gitter auf das Gemüse legen. Den Kuchen im vorgeheizten Ofen auf der unteren Schiene bei etwa 20 Minuten backen und warm essen.

Pro Stück ca. 340 kcal

Fertig in 60 Minuten, davon Zubereitung 30 Minuten

Mangoldkuchen mit Bacon

FÜR 6 STÜCKE

Teig:

200 g Weizenmehl

100 g Butter oder Margarine
und Fett für die Form

2 EL Schmand

2 EL Weißweinessig

1/2 TL Salz

Belag:

1 Staude
Mangold (etwa 750 g)

Salz

50 g geriebener
Käse (z. B. Emmentaler)

4 EL Schmand

2 Eier

Salz, Cayennepfeffer

100 g Bacon in Scheiben

1. Alle Zutaten für den Teig in eine Schüssel geben. Zuerst mit den Knethaken des Handrührers, dann mit den Händen schnell zu einem geschmeidigen Teig verkneten.

2. Für den Belag den Mangold putzen und waschen. Die Blätter grob zerschneiden. Von den groben Stielen die Fäden rundherum abziehen; in kleine Stücke schneiden. Salzwasser zum Kochen bringen und zuerst die Stiele 1 Minute kochen, dann die Blätter dazugeben und 1 Minute mitgaren. Abgießen und in eiskaltem Wasser abschrecken; gut abtropfen

lassen. Käse, Schmand, Eier, Salz und Cayennepfeffer verrühren. Den Backofen auf 225 Grad/Umluft 200 Grad/Gas Stufe 4 vorheizen.

3. Eine Tarte- oder Pizzaform (ø etwa 26 cm) fetten. Den Teig etwas größer als die Form ausrollen und den Boden und Rand damit auskleiden. 4 Scheiben Bacon auf den Teigboden legen. Mangold mit der Eiersahne vermischen und in die Form füllen. Mit den restlichen Baconscheiben belegen.

4. Die Form auf dem Rost ganz unten in den vorgeheizten Ofen schieben und etwa 40 Minuten backen.

Pro Stück ca. 450 kcal

Fertig in 60 Minuten, davon Zubereitung 20 Minuten

Feiner und zarter schmecken die Stiele vom Mangold, wenn man die fast transparenten Fäden wie beim Rhabarberputzen sorgfältig abzieht.

Gemüse-Tortilla

FÜR 2 PERSONEN
1 Stange Porree (etwa 150 g)
1 rote Paprikaschote
1 Zucchini
250 g gekochte Kartoffeln
1 1/2 EL Butterschmalz
3 Eier
Salz
frisch gemahlener Pfeffer
20 g Pinienkerne

1. Porree, Paprikaschote und Zucchini putzen, waschen und in kleine Würfel schneiden. Kartoffeln würfeln. 1 EL Butterschmalz in einer beschichteten Pfanne erhitzen und alles unter gelegentlichem Rühren 5 Minuten braten.

2. Eier mit Salz und Pfeffer verquirlen. Den Backofen auf 200 Grad/Umluft 180 Grad/Gas Stufe 3 vorheizen.

3. Das gebratene Gemüse aus der Pfanne nehmen. Das restliche Fett in die Pfanne geben und die Eier hineingießen. Nach 1 Minute das Gemüse darauf verteilen; mit Pinienkernen bestreuen. Die Pfanne in den vorgeheizten Backofen schieben und die Tortilla etwa 5 bis 8 Minuten stocken lassen.

Pro Portion ca. 420 kcal   **Fertig in 25 Minuten**

Kleine Schinken-Salbei-Pfannkuchen

FÜR 2 PERSONEN
3 Eier
Salz
4 EL Mehl
3 sehr dünne Scheiben
gekochter Schinken (ca. 100 g)
3 TL Butterschmalz zum Braten
6 Salbeiblätter
10 Kirschtomaten
Salz
frisch gemahlener Pfeffer
1 TL Zucker

1. In eine Schüssel 2 Eier schlagen. Das 3. Ei trennen und das Eigelb zu den Eiern geben. Mit 1 Prise Salz und 50 ml heißem Wasser schaumig schlagen. Mehl einrühren. Das Eiweiß steif schlagen und darunter heben. Den Schinken in breite Streifen schneiden.

2. Etwas Butterschmalz in einer beschichteten Pfanne erhitzen und für die ersten 3 Küchlein esslöffelweise den Teig hineingeben. Sofort mit Schinkenstreifen und je 1 Salbeiblatt belegen. Wenn die Küchlein auf der Unterseite braun sind, wenden und weiterbraten. Die fertigen Pfannkuchen im Backofen bei 100 Grad/Umluft kleinste Stufe/Gas Stufe 1 warm halten. Die nächsten 3 Pfannkuchen braten.

3. Die Kirschtomaten abspülen, halbieren und im restlichen Fett etwa 1 Minute in der Pfanne unter Schwenken braten, salzen, pfeffern und zuckern. Mit den Küchlein anrichten.

Pro Portion ca. 520 kcal   **Fertig in 20 Minuten**

TIPP
Pfannkuchenteig wird lockerer, wenn man wie hier beschrieben 1 Eiweiß steif schlägt und kurz vor dem Braten mit dem Schneebesen unter den Teig hebt. Backpulver ist dann nicht mehr nötig.

Porreekuchen

FÜR 4 PERSONEN

Teig:

250 g Weizenmehl

125 g Butter und

Fett für die Form

1 Ei

1/2 TL Salz

2 bis 3 EL saure Sahne

Belag:

500 g Porree

Salz

100 g Bacon

2 Eier

1/8 l Milch

Cayennepfeffer

100 g Kirschtomaten

50 g geriebener Käse

(z. B. Emmentaler)

1. Mehl in eine Schüssel geben, die Butter in kleinen Stückchen zufügen. Das Ei verquirlen und mit Salz und saurer Sahne dazugeben. Alles zuerst mit den Knethaken des Handrührers, dann schnell mit den Händen zu einem geschmeidigen Teig verkneten.

2. Für den Belag den Porree putzen, waschen und in feine Ringe schneiden. In kochendes Salzwasser geben und 2 Minuten kochen lassen. Über einem Sieb abgießen und sofort mit kaltem Wasser übergießen; gut abtropfen lassen. Den Bacon in sehr feine Streifen schneiden. Den Backofen auf 225 Grad/Umluft 200 Grad/Gas Stufe 4 vorheizen.

3. Den Teig dünn ausrollen und eine gefettete, flache, feuerfeste Form

(ø etwa 24 cm) damit auslegen. Den überschüssigen Teig abschneiden und eventuell für Tarteletts einfrieren. Den Teigboden mehrmals mit einer Gabel einstechen.

4. Porree und Bacon auf den Teigboden geben, die Form ganz unten auf dem Rost in den vorgeheizten Ofen schieben und vorbacken. Eier, Milch, Salz und Cayennepfeffer verrühren und nach 15 Minuten Backzeit auf den Teigboden gießen. Die Tomaten oben über Kreuz einschneiden und mit dem Käse darüber streuen. Noch 20 Minuten auf der unteren Schiene weiterbacken. Der Kuchen schmeckt am besten lauwarm.

Pro Portion ca. 780 kcal

Fertig in 60 Minuten, davon Zubereitung 25 Minuten

Mürbeteig am besten zwischen zwei Bogen Klarsichtfolie ausrollen. Dann klebt er weder an der Rolle noch auf der Arbeitsfläche fest.

Spargelkuchen

FÜR 4 PERSONEN

750 g grüner Spargel
Salz
Zucker
1 Packung Backmischung „Pizzateig" (230 g)
Mehl für die Arbeitsfläche
Fett für die Form
200 g gekochter Schinken (dünne Scheiben)
1 Bund Frühlingszwiebeln
2 EL Öl
2 Eier
50 ml Schlagsahne
frisch gemahlener Pfeffer

1. Den Spargel waschen und schälen, die harten Enden abschneiden. Die Spargelspitzen in etwa 7 cm Länge, die unteren Enden in kleine Stücke schneiden. Etwa 1/4 l leicht gesalzenes Wasser aufkochen. 1 TL Zucker und Spargel hineingeben und in etwa 12 Minuten gar köcheln lassen. Den Spargel abgießen (das Wasser aufheben) und mit kaltem Wasser abschrecken. Den Ofen auf 200 Grad/ Umluft 175 Grad/Gas Stufe 3 vorheizen.

2. Für den Teig 1 Beutel Mehlmischung aus der Packung in eine Rührschüssel geben. 1/8 l lauwarmes Wasser dazugießen und beides mit dem Knethaken zu einem glatten geschmeidigen Teig verkneten. Den Teig anschließend mit den Händen auf bemehlter Arbeitsfläche durchkneten und zu einem Kreis – etwas größer als die Form – ausrollen. Eine flache Backform (ø etwa 28 cm)

fetten und mit dem Teig auskleiden. Eventuell den überschüssigen Teig rundherum abschneiden. Den Teigboden mehrmals mit einer Gabel einstechen und mit den Schinkenscheiben auslegen.

3. Die Frühlingszwiebeln putzen, waschen und in feine Ringe schneiden. Öl in einer Pfanne erhitzen und die Zwiebeln darin andünsten; die Spargelabschnitte dazugeben und kurz mitdünsten. Beides in die Form füllen. Im vorgeheizten Ofen etwa 20 Minuten vorbacken.

4. Die Spargelspitzen sternförmig auf den Kuchen legen. Eier und Sahne verquirlen, leicht salzen und pfeffern, dann darüber gießen. Den Kuchen bei gleicher Hitze auf mittlerer Schiene etwa 20 Minuten weiterbacken.

Pro Portion ca. 540 kcal

Fertig in 60 Minuten, davon Zubereitung 30 Minuten

Kürbis-Pie

FÜR 2 PERSONEN

2 kleine Scheiben TK-Blätterteig (à 45 g)
Fett für die Form
1 großer Apfel
200 g Kürbisfleisch
50 g Bacon
5 Salbeiblätter
Cayennepfeffer
2 kleine Eier
4 EL Schlagsahne
Salz
1/4 TL Currypulver
2 EL Kürbiskerne

1. Die Blätterteigscheiben nebeneinander liegend auftauen lassen und etwas größer als eine Tartelettform (ø etwa 10 cm) ausrollen. Zwei Tartelettformen fetten und mit dem Teig auslegen, den Teigboden mit einer Gabel einstechen. Den Backofen auf 225 Grad/Umluft 200 Grad/Gas Stufe 4 vorheizen. Den Apfel schälen und entkernen. Kürbisfleisch und Apfel in etwa 1 cm große Würfel schneiden. Bacon fein würfeln, Salbeiblätter in Streifen schneiden. In einer Schüssel mischen und mit Cayennepfeffer würzen.

2. Die Mischung auf den Teigboden füllen. Im vorgeheizten Ofen auf der unteren Schiene 20 Minuten vorbacken.

3. Eier, Sahne, Salz und Curry verquirlen und über die Füllung gießen. Mit je 1 EL Kürbiskernen bestreuen. 15 Minuten weiterbacken.

Pro Portion ca. 540 kcal

Fertig in 50 Minuten, davon Zubereitung 20 Minuten

TIPP

Wenn Sie einen ganzen Kürbis gekauft haben, kochen Sie vielleicht noch jamaikanische Kürbissuppe (Rezept Seite 13).

Porree-Tarteletts

FÜR 4 PERSONEN

Mürbeteig:
200 g Mehl
75 g Butter oder Margarine
und Fett für die Formen
4 EL Milch
1/2 TL Salz
1 EL Weinessig

Belag:
500 g Porree
Salz
4 Kirschtomaten
2 Eier
50 ml saure Sahne
frisch gemahlener Pfeffer

1. Alle Zutaten für den Mürbeteig verkneten. Für den Belag den Porree putzen, waschen und in feine Ringe schneiden. Den Porree in kochendes Salzwasser geben und offen etwa 5 Minuten kochen, anschließend sofort in Eiswasser abkühlen und gut abtropfen lassen. Den Backofen auf 200 Grad/Umluft 180 Grad/Gas Stufe 3 vorheizen.

2. Vier Backformen (ø etwa 10 cm, Höhe 5 cm) mit Fett auspinseln. Den Teig in vier Portionen teilen und dünn und rund ausrollen. Boden und Rand der Formen auskleiden, überschüssigen Teig abschneiden. Den Teigboden mehrmals mit einer Gabel einstechen.

3. Den Porree mit den Händen gut auspressen und in die Formen füllen. Die Tomaten über Kreuz einschneiden und in die Mitte setzen. Die Porree-Tarteletts auf dem Rost ganz unten im vorgeheizten Ofen etwa 20 Minuten backen.

4. Eier und saure Sahne, Salz und Pfeffer verquirlen und über den Porree in die Formen gießen. Die Tarteletts nun auf der 2. Schiene von unten 15 Minuten weiterbacken. Warm oder kalt essen.

Pro Portion ca. 410 kcal

Fertig in 55 Minuten, davon Zubereitung 20 Minuten

TIPP

Wenn Sie Gäste erwarten, können Sie die Tarteletts ohne Eierguss schon ein paar Stunden vorher backen. Ist der Besuch da, backen Sie das Gebäck mit dem Eierguss im vorgeheizten Ofen fertig, schneiden es warm in kleine Stücke und servieren es als leckeren Happen zum Aperitif vor dem Menü.

Kuchen mit Süßkartoffeln und Bacon

FÜR 6 STÜCKE
1 Packung gekühlter Pizza-
teig „Back'n Roll" (260 g)
je 300 g Süßkartoffeln und
Kartoffeln (fest kochend)
2 EL Butter
Salz
frisch gemahlener Pfeffer
150 g Bacon
2 Eier
1/8 l Schlagsahne
3 Spritzer Tabasco

1. Den Teig auseinander rollen und entsprechend einer flachen Back-form (etwa 20 x 30 cm) auf dem Papier so dünn wie möglich aus-rollen. Den Teig mit dem Papier (es dient gleichzeitig als Backtrenn-papier) in die Backform legen. Über-schüssigen Teig abschneiden. Den Backofen auf bei 175 Grad/Umluft 160 Grad/Gas Stufe 2 vorheizen.

2. Die Kartoffeln schälen, abspülen und in sehr dünne Scheiben schnei-den. Die Scheiben abwechselnd dachziegelartig auf den Teigboden legen. Butter schmelzen lassen; die Kartoffeln damit einpinseln und mit Salz und Pfeffer würzen. Den Bacon fein würfeln und darüber streuen.

Den Kuchen im vorgeheizten Back-ofen auf der unteren Schiene etwa 20 Minuten vorbacken.

3. Eier und Sahne mit Tabasco und Salz verquirlen und in die Form gießen. 30 Minuten weiterbacken. Schmeckt warm oder kalt.

Pro Stück ca. 460 kcal

Fertig in 70 Minuten, davon Zubereitung 20 Minuten

TIPP

Bacon ist sehr weich und lässt sich auch mit einem scharfen Messer nur mühsam klein schneiden. Einfacher geht's, wenn Sie den Bacon vor dem Schneiden für 15 bis 20 Minuten in den Tiefkühler legen.

Möhren-Zwiebel-Quiche

FÜR 4 PERSONEN

2 Scheiben
TK-Blätterteig (225 g)
6 kleine Möhren (ca. 300 g)
Salz
2 Bund Lauchzwiebeln
4 Zwiebeln (150 g)
1 EL Butterschmalz
frisch gemahlener Pfeffer
200 g Käse (z. B. Chili-Gouda)
Fett für die Form
150 g Saftschinken in
dünnen Scheiben

Eierguss:
2 Eier
50 ml Schlagsahne
Salz
Cayennepfeffer

1. Die Blätterteigscheiben nebeneinander legen und auftauen lassen. Möhren schälen und längs halbieren. In kochendem Salzwasser etwa 5 Minuten kochen; in Eiswasser abkühlen und abtropfen lassen. Die Lauchzwiebeln putzen, waschen und in etwa 1 cm lange Stücke schneiden. Zwiebeln abziehen und würfeln.

2. Butterschmalz in einer Pfanne erhitzen und die Zwiebeln darin in etwa 2 Minuten weich dünsten. Lauchzwiebeln dazugeben und unter Rühren 1 Minute mitdünsten. Mit Salz und Pfeffer würzen. Aus der Pfanne nehmen und etwas abkühlen lassen. Den Ofen auf 200 Grad/Umluft 180 Grad/Gas Stufe 3 vorheizen.

3. Den Käse würfeln. Den Blätterteig etwas größer als die Form ausrollen. Eine flache Quicheform (ø 24 cm) mit Fett auspinseln und den Teig in die Form legen, so dass er über den Rand ragt. Den Boden mit einer Gabel mehrmals einstechen. Die Schinkenscheiben auf den Boden und den Rand hinauf legen. Möhren, Käsewürfel und Zwiebeln abwechselnd darauf verteilen. Die Form auf dem Rost ganz unten im vorgeheizten Ofen etwa 15 Minuten vorbacken.

4. Für den Eierguss Eier und Sahne, Salz und Cayennepfeffer verquirlen und nach den 15 Minuten Backzeit in die Form über das Gemüse gießen. Die Quiche nun auf der 2. Schiene von unten bei gleicher Hitze etwa 20 Minuten weiterbacken. Lauwarm essen.

Pro Portion ca. 620 kcal

Fertig in 60 Minuten, davon Zubereitung 25 Minuten

Blätterteigscheiben immer einzeln nebeneinander liegend auftauen – dann aber übereinander legen und schön dünn ausrollen. Das kostet zwar etwas mehr Zeit und Kraft, doch der Aufwand lohnt sich: Der Boden wird ganz zart und blättrig.

Krautpizza mit Fleischklößchen

FÜR **8** STÜCKE

1 Backmischung „Pizza-Teig" (300 g)
2 EL Sonnenblumenöl
2 rote Paprikaschoten
1 kg Sauerkraut
300 g Ziegen-Gouda
Mehl für die Arbeitsfläche
300 g Mett
4 EL Olivenöl
frisch gemahlener Pfeffer

1. Die Backmischung in eine Schüssel geben. Nach Packungsanweisung 175 ml lauwarmes Wasser und Öl dazugeben und alles mit den Knethaken auf höchster Schaltstufe etwa 3 Minuten kneten. Den Teig abgedeckt bei Zimmertemperatur etwa 30 Minuten gehen lassen.

2. Während der Teig geht, die Paprikaschoten abspülen, rundherum schälen, entkernen und das Fruchtfleisch in Streifen oder Würfel schneiden. Das Sauerkraut etwas klein schneiden; in eine Schüssel geben. Den Käse reiben und die Hälfte zum Kraut geben. Paprika ebenfalls dazugeben. Die Kräutermischung aus der Packung darüber streuen. Alles vermischen. Die Pizzasoße (in der Packung enthalten) mit der angegebenen Wassermenge anrühren.

3. Den Teig auf bemehlter Arbeitsfläche mit den Händen durchkneten und zu einem großen Fladen von etwa 30 cm ø ausrollen. Den Fladen auf ein mit Backpapier ausgelegtes Backblech legen und mehrmals mit einer Gabel einstechen. Etwa 15 Minuten gehen lassen. Den Backofen auf bei 225 Grad/Umluft 200 Grad/ Gas Stufe 3 vorheizen.

4. Zuerst die Pizzasoße, dann die Krautmischung auf den Teig verteilen. Mit Hilfe eines Teelöffels kleine Mettklößchen abstechen, in der Handfläche nachformen und auf die Krautpizza setzen. Restlichen Käse darüber streuen, Öl darüber träufeln, Pfeffer darüber geben.

5. Die Krautpizza auf der unteren Schiene im vorgeheizten Ofen etwa 25 Minuten backen.

Pro Stück ca. 550 kcal

Fertig in 90 Minuten, davon Zubereitung 30 Minuten

Dazu: gemischter Salat

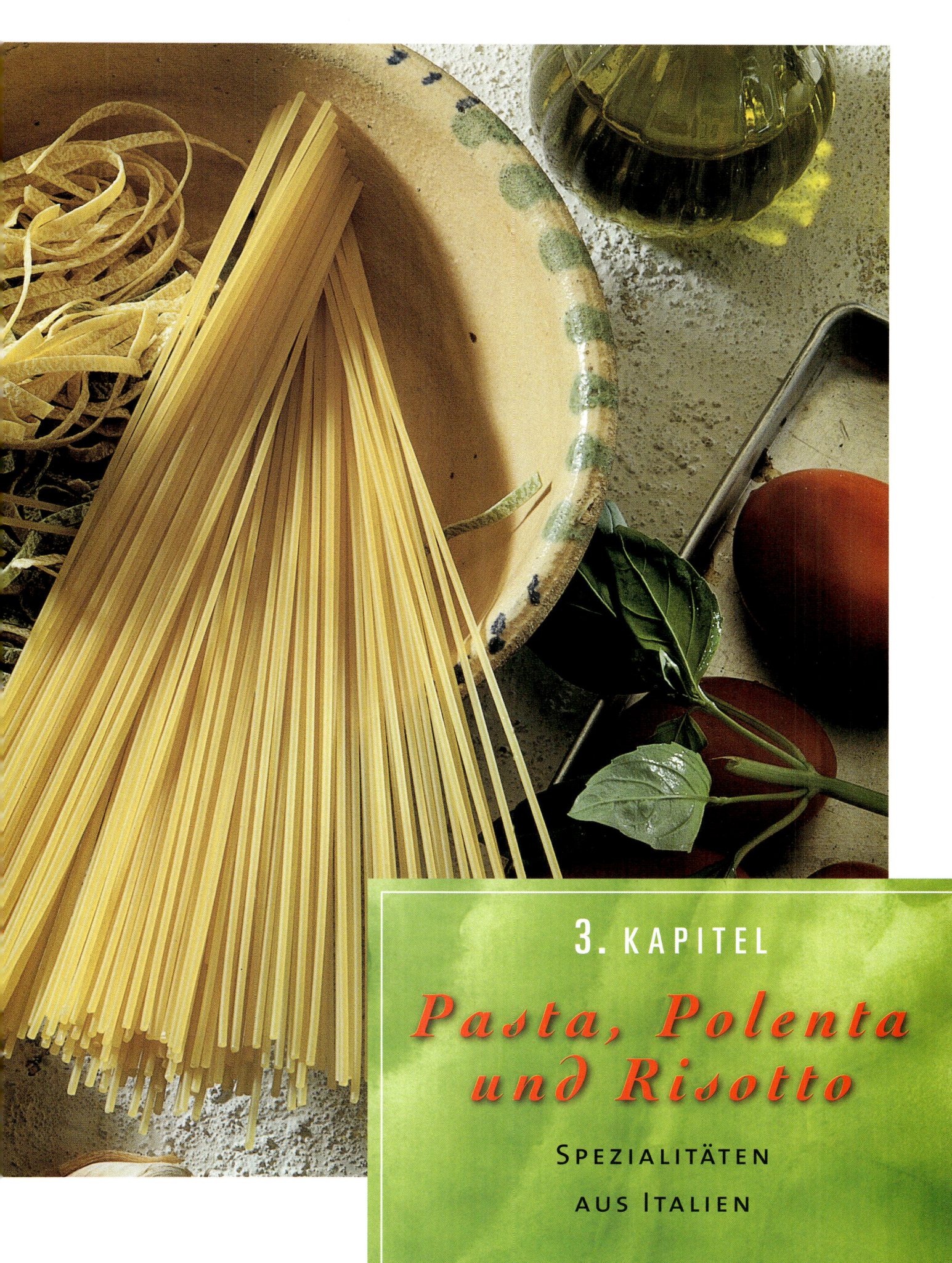

3. KAPITEL

Pasta, Polenta und Risotto

SPEZIALITÄTEN

AUS ITALIEN

Gemüsenudeln

FÜR **4** PERSONEN

2 Zwiebeln

1 Zucchini

1 kleine Fenchelknolle

250 g Kirschtomaten

1 rote Paprikaschote

Salz

50 g Butter

Saft von 1 Orange

100 g schwarze
entsteinte Oliven

frisch gemahlener Pfeffer

300 g Nudeln (z. B. Band-
nudeln oder Tripoline)

Parmesan-Käse im Stück

1. Die Zwiebeln abziehen und wür-feln. Zucchini waschen; zuerst in Scheiben und diese dann in 1/2 cm breite Streifen schneiden. Fenchel putzen, waschen und quer in hauch-zarte Streifen schneiden. Tomaten rundherum einstechen, größere Ex-emplare halbieren. Paprika waschen und mit einem Sparschäler schälen. Halbieren, entkernen und das Frucht-fleisch in kleine Stücke schneiden. Salzwasser für die Spaghetti auf-setzen.

2. Die Hälfte der Butter in einer tiefen Pfanne erhitzen und Paprika und Tomaten etwa 2 Minuten darin dünsten, herausnehmen. Zwiebeln,

Zucchini und Fenchel in die Pfanne geben und unter Rühren etwa 3 Minuten dünsten. Mit Orangen-saft ablöschen und zugedeckt etwa 10 Minuten schmoren. Oliven, To-maten und Paprika dazugeben. Mit Pfeffer und Salz würzen und ab-schmecken.

3. Inzwischen die Nudeln nach Packungsanweisung bissfest kochen.

4. Die Nudeln abtropfen lassen und die restliche Butter dazugeben und durchschwenken. Die Nudeln in die Pfanne zum Gemüse geben und vermischen. Käse reibt sich jeder nach Belieben über die Nudeln.

Pro Portion ca. 420 kcal

Fertig in 40 Minuten, davon Zubereitung 20 Minuten

Wenn man den Fenchel mit einem Gemüseschäler einfach rundherum in Faserrichtung schält, werden die harten Fasern entfernt, ohne dass man die äußeren Schalen entfernen muss.

Zwiebel-Hack-Lasagne

FÜR 2 PERSONEN

1 Gemüsezwiebel (ca. 300 g)
3 EL Öl
1/2 TL Kräutersalz
250 g gemischtes Hackfleisch
1 EL Tomatenmark
1/2 Paket gewürfelte Tomaten (250 g)
1 Knoblauchzehe
1/4 TL gemahlener Zimt
1/4 TL gemahlener Kümmel
Salz
frisch gemahlener Pfeffer
100 g Käse (z. B. mittelalter Gouda)
150 g saure Sahne
1 EL Butter
6 Lasagneblätter („ohne Vorkochen")
1 Tomate

1. Die Zwiebel schälen und in Ringe schneiden. 2 EL Öl in einer tiefen Pfanne erhitzen und die Zwiebel unter Rühren etwa 5 Minuten glasig und weich dünsten. Herausnehmen, mit Kräutersalz würzen.

2. Das restliche Öl in die Pfanne geben und das Hackfleisch bei starker Hitze krümelig braten. Tomatenmark einrühren, kurz anschwitzen, dann die gewürfelten Tomaten hinzufügen und den Knoblauch darüber pressen. Alles gut verrühren und 5 Minuten offen schmoren lassen. Mit Zimt und Kümmel, 1 TL Salz und Pfeffer würzen. Den Backofen auf 200 Grad/Umluft 180 Grad/Gas Stufe 3 vorheizen.

3. Den Käse fein reiben, etwa 2 EL davon beiseite stellen. Den Käse mit der sauren Sahne in einem Topf verrühren und unter Rühren sanft erhitzen, bis eine cremige Soße entsteht. Zwei Auflaufformen (ø 20 cm) mit etwas Butter einfetten. Je 1 Lasagneblatt auf den Boden legen, mit Soße bestreichen, mit 1 EL Zwiebeln bestreuen, darauf 2 EL Hackfleisch verteilen. Dann wieder Lasagneblätter, Soße, Zwiebeln und Hack einschichten. Mit Lasagneblättern und restlicher Soße abschließen. Als Garnitur hauchdünne Tomatenscheiben und die restlichen Zwiebelringe darauf anrichten.

4. Die Lasagne mit dem beiseite gestellten Käse bestreuen, restliche Butter in kleinen Flöckchen darauf setzen. Die Lasagne im vorgeheizten Ofen etwa 40 Minuten backen; eventuell in den letzten 15 Minuten mit Backpapier abdecken.

Pro Portion ca. 760 kcal

Fertig in 70 Minuten, davon Zubereitung 30 Minuten

Dazu: kleiner Salat

Buntes Gemüse-Risotto

FÜR 4 PERSONEN
150 g TK-Erbsen
1 Zwiebel
1 Knoblauchzehe
250 g Zucchini
1 rote Paprikaschote
1 EL Butter
4 EL Öl
400 g Risotto-Reis
1 l Hühnerbrühe (Instant)
Salz
Cayennepfeffer
50 ml Schlagsahne
frisch gemahlener Pfeffer
1 EL gehackte Petersilie
Parmesan-Käse im Stück

1. Die Erbsen zum Auftauen in eine Schüssel geben. Zwiebel und Knoblauch abziehen und würfeln. 1 Zucchini in dünne Scheiben schneiden, die übrigen erbsengroß würfeln. Die Paprikaschote abspülen, schälen, entkernen und fein würfeln.

2. Butter und 2 EL Öl in einer tiefen Pfanne erhitzen. Zwiebel, Knoblauch und Zucchini etwa 2 Minuten darin weich dünsten, dann Reis und Erbsen dazugeben und etwa 1 Minute mitdünsten. Die Brühe erhitzen, nach und nach hinzufügen und mit einem Holzlöffel rühren, bis alle Flüssigkeit vom Reis aufgenommen ist.

3. Inzwischen in einer zweiten Pfanne daneben die Paprikawürfel im restlichen Öl etwa 4 Minuten braten, leicht salzen und mit Cayennepfeffer würzen.

4. Nach 20 Minuten die Sahne zum Reis geben; umrühren. Das Risotto mit Salz und Pfeffer abschmecken und mit dem Paprikagemüse auf Teller füllen, mit Petersilie bestreuen. Mit frisch geriebenem Parmesan-Käse essen.

Pro Portion ca. 470 kcal

Fertig in 40 Minuten, davon Zubereitung 30 Minuten

Dazu: kleiner Salat

Tagliatelle mit Wildfleisch und Pilzen

FÜR 2 PERSONEN
150 g Wildfilet (z. B. von Hirsch, Reh oder Damwild)
frisch gemahlener Pfeffer
250 g gemischte Pilze (Champignons, Austernpilze, Shiitake-Pilze)
1 große Schalotte
200 g Tagliatelle (Bandnudeln)
Salz
1 EL Butterschmalz
ca. 10 frische Salbeiblätter
2 EL Balsamessig
100 ml Schlagsahne

1. Das Filet in Streifen schneiden, mit Pfeffer würzen. Die Pilze mit einem Pinsel säubern und klein schneiden. Die Schalotte abziehen und fein würfeln.

2. Nudeln in kochendem Salzwasser nach Packungsanweisung bissfest garen. Inzwischen etwa 10 g Butterschmalz erhitzen und die Salbeiblätter darin braten, bis sie steif sind; herausnehmen und auf Küchenpapier abtropfen lassen. Das Fleisch in die Pfanne geben und unter Rühren 1 Minute kräftig anbraten. Herausnehmen, auf ein Sieb geben und den Abtropfsaft auffangen.

3. Restliches Butterschmalz in die Pfanne geben, Schalotte und die Pilze unter Rühren 2 bis 3 Minuten darin braten. Mit Salz und Pfeffer würzen, mit Balsamessig und dem ausgetretenen Fleischsaft ablöschen. Sahne einrühren und alles einmal aufkochen lassen.

4. Das Fleisch zurück in die Pfanne geben, mit Salz und Pfeffer abschmecken. Die Nudeln abgießen und mit dem Geschnetzelten anrichten. Mit Salbeiblättern bestreuen.

Pro Portion ca. 710 kcal   **Fertig in 30 Minuten**

Scharfe Rigatoni mit Auberginen

FÜR 4 PERSONEN

20 g getrocknete Steinpilze
1 Aubergine
Salz
50 g magerer luft-
getrockneter Schinken
1 Zwiebel
1 Knoblauchzehe
1 Chilischote
500 g frische
Flaschentomaten
3 EL Öl
1 TL Butter
250 g große Röhrennudeln
(z. B. Rigatoni)
Parmesan-Käse im Stück

1. Die Steinpilze in Stücke schneiden und in 1/8 l heißem Wasser etwa 20 Minuten einweichen. Aubergine abspülen, fingerdick würfeln, mit Salz bestreuen und „schwitzen" lassen. Schinken in feine Streifen schneiden. Die Zwiebel und den Knoblauch abziehen und hacken. Chilischote längs halbieren, entkernen und hacken. Tomaten mit kochendem Wasser überbrühen und häuten, das Fruchtfleisch klein schneiden. Auberginenwürfel abspülen und trockentupfen.

2. Salzwasser für die Nudeln aufsetzen. Öl in einer tiefen Pfanne erhitzen. Die Auberginen kräftig anbraten, aus der Pfanne nehmen und beiseite stellen. Die Butter mit dem Schinken in der Pfanne glasig

dünsten. Knoblauch, Chili und Zwiebel hinzufügen, 3 Minuten dünsten. Dann die Pilze dazugeben. Die Pilzflüssigkeit durch ein Tuch filtern und ebenfalls dazugeben. Offen um die Hälfte einkochen lassen. Tomaten und Salz zufügen. Alles etwa 15 Minuten offen einköcheln lassen und zum Schluss Auberginen dazugeben.

3. Inzwischen die Nudeln nach Packungsanweisung bissfest kochen, abgießen und sofort zur Soße geben, durchmischen und 1 Minute schmoren. Auf vorgewärmte Teller füllen und Parmesan darüber reiben.

Pro Portion ca. 420 kcal

Fertig in 60 Minuten, davon Zubereitung 30 Minuten

Fadennudeln mit Mohn und Mandeln

FÜR 2 PERSONEN

Salz
200 g Fadennudeln
50 g Mandelblättchen
2 EL Mohn
2 EL Butter
Kräutersalz
frisch gemahlener Pfeffer
Parmesan-Käse im Stück

1. Salzwasser aufsetzen, die Nudeln nach Packungsanweisung gar kochen – das dauert bei Fadennudeln etwa 2 Minuten.

2. Inzwischen die Mandelblättchen in einer Pfanne ohne Fett zartbraun anrösten und herausnehmen. Dann den Mohn unter Rühren kurz anrösten und die Butter dazugeben. Butter aufschäumen lassen.

3. Die abgetropften Nudeln und gerösteten Mandelblätter sofort zur Mohnbutter in die Pfanne geben, mit Kräutersalz und Pfeffer würzen, gut durchmischen und auf Teller füllen. Sofort essen. Jeder reibt sich Parmesan-Käse nach Belieben darüber.

Pro Person ca. 680 kcal   Fertig in 10 Minuten

Dazu: grüner Salat mit Tomaten

Tagliatelle alla carbonara

FÜR 2 PERSONEN

100 g Schinkenspeck
(dünne Scheiben)
1 EL Butter
Salz
3 kleine Eier
etwa 30 g frisch geriebener Parmesan-Käse
frisch gemahlener Pfeffer
frisch geriebene Muskatnuss
50 ml Schlagsahne
200 g grüne Tagliatelle
frische Basilikumblätter
Parmesan-Käse im Stück

1. Den Schinkenspeck in sehr feine Streifen schneiden. Butter in einer Pfanne erhitzen und die Speckstreifen langsam bei mittlerer Hitze auslassen, dabei hin und wieder umrühren. Salzwasser für die Nudeln aufsetzen.

2. Die Eier in eine Schüssel schlagen und verquirlen. Parmesan-Käse und Pfeffer darüber geben, Muskat darüber reiben. Sahne hinzufügen und alles verrühren. Auf heißem Wasserbad erwärmen.

3. Die Nudeln nach Packungsanweisung bissfest kochen. Die abgetropften Nudeln in die Pfanne geben und mit den Speckstreifen vermischen.

4. Die heißen Nudeln sofort in die erwärmte Speck-Eiersahne geben und durchmischen. Auf zwei vorgewärmte Teller verteilen. Pfeffer darüber geben und mit Basilikumblättchen garnieren. Parmesan-Käse darüber reiben.

Pro Portion ca. 720 kcal   Fertig in 20 Minuten

Die Eier mit Sahne und Parmesan-Käse in einer Schüssel verrühren. Muskat darüber reiben.

Die abgetropften Nudeln sofort in die Pfanne mit dem Schinkenspeck geben und sorgfältig vermischen.

Bratnudeln mit Fleisch und Garnelen

FÜR 4 PERSONEN
250 g asiatische Weizen-
nudeln (siehe TIPP)
Salz
200 g Schweinefilet (oder
Putenbrust)
1 Bund Frühlingszwiebeln
100 g Zuckerschoten
100 g frische Sojasprossen
30 g frische Ingwerwurzel
4 EL Sonnenblumenöl
150 g geschälte Garnelen
1 TL Sesamöl zum Würzen

Würzsud:
3 EL Sojasoße
2 EL Sakewein (oder
Orangensaft)
1/8 l Fleischbrühe (Instant)
1 EL süße Chilisoße
1/2 TL Sambal oelek (roter
Pfefferbrei im Glas)

1. Die Nudeln nach Packungsanweisung in reichlich Salzwasser bissfest kochen, abtropfen lassen. Fleisch in Streifen schneiden. Frühlingszwiebeln putzen, waschen und in feine Ringe schneiden. Zuckerschoten putzen, waschen und einmal schräg der Länge nach halbieren. Sojasprossen abspülen und abtropfen lassen. Ingwer schälen und fein hacken.

2. In einer beschichteten Pfanne 2 EL Sonnenblumenöl erhitzen und die Nudeln unter Rühren etwa 2 Minuten kräftig anbraten. Herausnehmen und warm halten. Weitere 2 EL Öl in die Pfanne geben und den Ingwer kurz anschwitzen. Fleisch und Garnelen hinzufügen und unter Rühren etwa 2 Minuten braten. Nun das Gemüse zugeben und 3 Minuten weiterbraten.

3. Alle Zutaten für den Würzsud verrühren, in die Pfanne geben und etwa 1 Minute pfannenrühren. Die Nudeln unterheben und das Gericht mit Salz und Sesamöl abschmecken.

Pro Portion ca. 500 kcal   Fertig in 30 Minuten

TIPP

Asiatische Weizennudeln werden mit Eiern hergestellt und mit puderfein gemahlenen, getrockneten Garnelen oder Algen veredelt. Deshalb schmecken sie leicht würzig und duften ein wenig nach Meer. Die Zutaten für dieses Rezept bekommt man in großen Lebensmittelgeschäften oder in der Asienabteilung großer Kaufhäuser.

50

Kräuter-Gnocchi mit Tomaten

FÜR 2 PERSONEN

250 g Kartoffeln
je 1 Bund Petersilie und
Basilikum
75 g Weizenmehl
1 Ei
Salz
geriebene Muskatnuss
1 EL Butter
2 Fleischtomaten
2 TL Olivenöl
1/4 TL Chiliöl

1. Kartoffeln mit der Schale in etwa 15 bis 20 Minuten gar kochen. Petersilie und Basilikum abspülen, die Blätter von den Stielen zupfen und fein hacken. Die Kartoffeln abgießen, pellen und auf einer groben Reibe in eine Rührschüssel reiben. Mehl, Ei, 1/2 TL Salz, Muskat, Kräuter und Butter dazugeben. Alles mit den Knethaken des Handrührers zu einem Teig verkneten.

2. Mit Hilfe von zwei Teelöffeln kleine Gnocchi abstechen, dabei die Löffel jedes Mal in das heiße Wasser tauchen. Die Gnocchi in siedendes Wasser geben und etwa 10 Minuten gar ziehen lassen.

3. Die Tomaten überbrühen, abziehen, entkernen und in Streifen schneiden. In einer Pfanne Oliven- und Chiliöl erhitzen und die Tomaten etwa 1 Minute darin dünsten; leicht salzen. Gnocchi und Tomaten auf vorgewärmten Tellern anrichten.

Pro Portion ca. 410 kcal

Fertig in 45 Minuten, davon Zubereitung 30 Minuten

CHILIÖL

heizt tüchtig ein: Schon ein paar Tropfen würzen Suppen und Soßen nachhaltig. Das scharfe Öl gibt's fertig in Asienläden. Oder Sie machen es sich selbst: Reichlich getrocknete Chilischoten in eine Flasche brechen und Sonnenblumenöl dazugießen. Nach zwei Wochen ist das Öl fertig. Je länger es durchzieht, desto schärfer wird's.

51

Thailändischer Bratreis mit Schinken und Ananas

FÜR 4 PERSONEN

1 vollreife Ananas

100 g gekochter magerer
Schinken

2 Knoblauchzehen

30 g frische Ingwerwurzel

2 EL Rosinen oder Korinthen

1 bis 2 rote Chilischoten

2 Lauchzwiebeln

2 EL Öl

4 Tassen (400 g) gekochter
Reis (z. B. thailändischer
Duftreis oder Basmati-Reis)

1/8 l Geflügelbrühe (Instant)

Salz

1. Die Ananas abspülen, trockentupfen und längs halbieren; den harten Kern in der Mitte mit einem spitzen, scharfen Messer herausschneiden. Dann das Fruchtfleisch herausschälen und klein schneiden. Den Schinken fein würfeln. Knoblauch und Ingwer schälen und fein hacken. Rosinen ebenfalls fein hacken. Chilischoten halbieren, entkernen und fein hacken. Die Lauchzwiebeln putzen, waschen und klein schneiden.

TIPP

Wenn Sie Ananas kaufen, gehen Sie „der Nase nach": Voll reife Früchte – und nur die schmecken wirklich – sind an ihrem herrlich aromatischen Duft zu erkennen. Hände weg von grünen, zu früh geernteten Früchten: Sie reifen nicht mehr nach.

2. Öl in einer Pfanne erhitzen und Knoblauch, Ingwer, Rosinen und Chili etwa 1 Minute unter Rühren anbraten, den gekochten Reis hinzufügen und mitbraten. Die Brühe erhitzen und zugießen. Alles 2 Minuten dünsten.

3. Zum Schluss Ananas und Schinken darunter mengen und erwärmen. Den Reis mit Salz abschmecken und in die Ananashälften füllen. Eventuell noch 5 Minuten bei 200 Grad/Umluft 180 Grad/Gas Stufe 3 backen.

Pro Portion ca. 300 kcal **Fertig in 30 Minuten**

Makkaroni-Auflauf

FÜR 4 PERSONEN

250 g Makkaroni
2 Stauden Chicorée
2 Fleischtomaten
200 g gekochter Schinken
Fett für die Form
100 g Emmentaler Käse (gerieben)
1 kleine Zwiebel
4 Eier
1/8 l Milch
Cayennepfeffer
Salz
2 EL Semmelbrösel
1 EL Butter

1. Die Makkaroni nach Packungsanweisung bissfest kochen. Den Chicorée entblättern, in ein Sieb geben und mit dem kochenden Nudelwasser überbrühen. Die Tomaten ebenfalls mit kochendem Wasser überbrühen, häuten und anschließend in schmale Spalten schneiden. Den Schinken in feine Streifen schneiden. Den Backofen auf 200 Grad/Umluft 180 Grad/Gas Stufe 3 vorheizen.

2. Eine Auflaufform fetten. Abwechselnd Makkaroni, Chicorée, Emmentaler (4 EL abnehmen), Schinken und Tomaten einschichten. Die Zwiebel abziehen und in eine Schüssel reiben; Eier, Milch, 1/4 TL Cayennepfeffer und 1/2 TL Salz dazugeben. Alles verquirlen und in die Form gießen. Restlichen Käse und Semmelbrösel vermischen und darüber streuen; kleine Butterflöckchen darauf verteilen.

3. Im vorgeheizten Ofen etwa 40 Minuten backen.

Pro Portion ca. 460 kcal

Fertig in 70 Minuten, davon Zubereitung 30 Minuten

Spaghettini mit Kirschtomaten

FÜR 4 PERSONEN

500 g kleine Kirschtomaten
2 Knoblauchzehen
Salz
1/2 Bund glatte Petersilie
ca. 10 Blätter Basilikum
4 EL Olivenöl
Cayennepfeffer
500 g Spaghettini
Parmesan-Käse im Stück

1. Die kleinen Tomaten abspülen und in Viertel schneiden. Knoblauch abziehen und in Scheiben schneiden. Salzwasser für die Nudeln aufsetzen. Petersilie und Basilikum abspülen, trockentupfen und fein hacken.

2. Das Olivenöl in einer Pfanne erhitzen und den Knoblauch darin glasig dünsten, die Tomaten hinzufügen, mit 1/2 TL Cayennepfeffer und Salz würzen. Die Spaghettini nach Packungsanweisung in etwa 5 Minuten bissfest kochen.

3. Die Nudeln abgießen und zu den Tomaten in die Pfanne geben, kurz durchschwenken und die gehackten Kräuter dazugeben. Auf tiefe Teller füllen und frischen Parmesan-Käse darüber hobeln.

Pro Portion ca. 600 kcal   Fertig in 20 Minuten

Käse zum Reiben am besten im Stück kaufen. Er hält sich lange, und man kann ihn jederzeit frisch über Nudeln, Gemüse, Suppen und Reisgerichte reiben oder hobeln. Es muss nicht immer Parmesan sein — alter würziger Gouda, Pecorino oder ein Bergkäse schmecken genauso gut.

Polenta aus dem Ofen

FÜR 2 PERSONEN

1/2 l Gemüsebrühe (Instant)
100 g Polenta (grober
Maisgrieß)
4 Tomaten
1 Zwiebel
2 EL Öl
1 Lorbeerblatt
Salz
frisch gemahlener Pfeffer
1 Knoblauchzehe
1/4 TL Kräuter der Provence
4 EL frisch geriebener
Parmesan-Käse
20 g Butter

1. Gemüsebrühe zum Kochen bringen, Maisgrieß hineinrühren. Die Kochplatte abschalten und den Brei mit der Resthitze in etwa 15 Minuten ausquellen lassen. Den heißen Brei etwa daumendick in eine mit Wasser ausgespülte Form (ø ca. 18 cm) streichen. Abkühlen lassen. Den Ofen auf 200 Grad/Umluft 180 Grad/Gas Stufe 3 vorheizen.

2. Die Tomaten überbrühen und abziehen. 3 Tomaten klein schneiden. Die Zwiebel abziehen, würfeln und in Öl glasig dünsten. Lorbeerblatt und Tomatenstücke dazugeben und offen dünsten. Mit Salz, Pfeffer und durchgepresstem Knoblauch würzen.

3. Die abgekühlte Polenta in Rhomben oder beliebige Stücke schneiden. Die Tomatensoße in zwei Portionsförmchen füllen. Die Polentastücke darauf betten. Die letzte Tomate in Scheiben schneiden und darauf legen. Mit Kräutern und Parmesan-Käse bestreuen und mit Butterflöckchen belegen. Im vorgeheizten Backofen 25 Minuten backen.

Pro Portion ca. 480 kcal

Fertig in 50 Minuten, davon Zubereitung 30 Minuten

Dazu: grüner Salat

Risi-Bisi

FÜR 2 PERSONEN

2 Zwiebeln
1/2 Bund Petersilie
1 EL Butter
150 g Risotto-Reis
350 ml Gemüsebrühe (Instant)
150 g TK-Erbsen
50 ml Schlagsahne
Salz
frisch gemahlener Pfeffer
Parmesan-Käse oder
alter Bergkäse im Stück

1. Die Zwiebeln abziehen und in Würfel schneiden. Petersilie abspülen, trockentupfen, die Blätter von den Stielen zupfen und grob hacken.

2. Butter in einem Topf erhitzen. Zwiebelwürfel hineingeben und unter Rühren etwa 2 Minuten glasig dünsten. Dann den Reis hinzufügen und kurz mitdünsten.

3. Die Gemüsebrühe erhitzen, die Hälfte zugießen und dann die gefrorenen Erbsen hinzugeben. Alles unter Rühren etwa 1 Minute offen dünsten. Dann die restliche Brühe zugießen und einmal aufkochen lassen. Bei ausgeschalteter Herdplatte und zugedeckt 10 Minuten fertig garen.

4. Die Sahne und die Petersilie unter den Reis rühren. Das Gericht mit Salz und Pfeffer abschmecken. Auf vorgewärmte Teller füllen. Den Käse darüber hobeln oder reiben.

Pro Portion ca. 570 kcal   Fertig in 30 Minuten

Dazu: gemischter Salat

Die einfachste Art, Zwiebeln gleichmäßig fein zu würfeln: abziehen, halbieren, auf die Schnittfläche legen und zweimal waagerecht einschneiden, dann mehrmals längs einschneiden und durch Querschnitte würfeln.

Den Reis erst zugeben, wenn die Zwiebeln bereits glasig gedünstet sind. Den Reis unter Rühren etwa 1 Minute mitdünsten.

Rumpsteaks mit Polenta

FÜR 2 PERSONEN
je 2 rote, weiße und
braune Zwiebeln (insgesamt
ca. 300 g)
125 g Polenta (grober
Maisgrieß)
Salz
2 Rumpsteaks (à 200 g)
frisch gemahlener Pfeffer
1 EL Butterschmalz
1 EL Rosinen
1 EL Pinienkerne
1 TL Zucker
2 EL Balsamessig
50 ml Rotwein oder
Orangensaft
2 EL Crème fraîche

1. Die Zwiebeln abziehen und vierteln. Maisgrieß in 3/4 l kochendes Salzwasser rühren und zugedeckt bei ausgeschalteter Herdplatte bis zum Servieren quellen lassen.

2. Die Steaks mit Pfeffer würzen und in einer Pfanne in heißem Butterschmalz von jeder Seite 2 Minuten anbraten. Aus der Pfanne nehmen, im Backofen bei 100 Grad/Umluft 80 Grad/Gas Stufe 1 warm halten und nachgaren lassen.

3. Zwiebeln, Rosinen und Pinienkerne in die Pfanne geben und unter Rühren etwa 2 Minuten braten. Zucker darüber streuen, durchschwenken, bis sich der Zucker auflöst. Mit Essig ablöschen, Rotwein zugießen. 5 Minuten offen köcheln lassen.

4. Crème fraîche unter die heiße Polenta rühren, mit Salz abschmecken. Die Steaks in Stücke schneiden, leicht salzen und mit Polenta und Zwiebeln anrichten.

Pro Portion ca. 720 kcal

Fertig in 30 Minuten, davon Zubereitung 20 Minuten

Pfannenfleisch mit Nudeln

FÜR 4 PERSONEN

400 g Hähnchenbrustfilet
1 EL Sojasoße
1 EL Speisestärke
Cayennepfeffer
150 g Zuckerschoten
300 g chinesische Eiernudeln
Salz
4 EL Sesamsaat
3 EL Sonnenblumenöl
1 EL Sesamöl

1. Das Hähnchenbrustfilet in feine Streifen schneiden und in eine Schüssel geben. Sojasoße, Speisestärke und 1 Messerspitze Cayennepfeffer zum Fleisch geben und alles vermischen. Zuckerschoten putzen, waschen und zur Hälfte in lange schmale Streifen schneiden.

2. Die Nudeln in leicht gesalzenem Wasser nach Packungsanweisung bissfest kochen. In einer beschichteten Pfanne daneben den Sesam zartbraun rösten; aus der Pfanne nehmen.

3. Beide Öle in der Pfanne erhitzen und die Zuckerschoten 1 Minute pfannenrühren; herausnehmen. Dann das Fleisch unter Rühren etwa 3 Minuten braten. Erbsen und abgetropfte Nudeln dazugeben, alles durchschwenken und anrichten. Mit dem gerösteten Sesam bestreuen.

Pro Portion ca. 610 kcal   Fertig in 30 Minuten

Radicchio-Reis

FÜR 2 PERSONEN

2 Köpfe Radicchio di Treviso
1 Zwiebel
1 EL Butter
200 g Risotto-Reis
1/4 l Rotwein (oder Gemüsebrühe und 2 EL Balsamessig)
knapp 1/2 l Gemüsebrühe (Instant)
Salz
frisch gemahlener Pfeffer
Parmesan-Käse im Stück

1. Radicchio putzen, waschen und die Blätter in feine Streifen schneiden. Zwiebel abziehen, würfeln und in der Butter glasig dünsten. Den Reis einstreuen und etwa 1 Minute mitdünsten. Mit Rotwein ablöschen.

2. Sobald der Wein verdunstet ist, nach und nach die Brühe zugeben, so dass der Reis immer gerade knapp bedeckt ist. 15 Minuten unter gelegentlichem Umrühren offen köcheln lassen. Mit Salz und Pfeffer würzen.

3. Radicchio bis auf einen kleinen Teil dazugeben; etwa 1 Minute unter Rühren mitdünsten. Etwas Käse hineinreiben (etwa 2 EL). Den Reis auf vorgewärmte Teller füllen und den restlichen Radicchio darauf geben. Parmesan-Käse kann sich jeder nach Belieben selbst darüber reiben.

Pro Portion ca. 300 kcal   Fertig in 30 Minuten

Der leicht bittere Radicchio, auch rote Endivie oder roter Chicorée genannt, ist ein Wintergemüse. Die gesunden Bitterstoffe stecken überwiegend in den weißen Rippen. Besonders mild schmeckt „Radicchio di Treviso". In Italien ist er beliebt als Gemüse oder im Risotto.

Indischer Pilaw mit Lamm

FÜR 4 PERSONEN

Salz

250 g Langkornreis (z. B. Basmati-Mix oder Jasmin-Reis)

400 g Lammlachse (aus dem Rücken geschnitten)

2 rote Chilischoten

3 Knoblauchzehen

50 g frische Ingwerwurzel

400 g Zwiebeln

6 EL Öl

1 Dose ungesüßte Kokosmilch (400 ml)

1 TL Indische Gewürzmischung

1. Reichlich Wasser mit Salz zum Kochen bringen, den Reis einrühren und 10 Minuten kochen lassen. Dann über einem Sieb abgießen, zurück in den Topf geben. Den Reis mit einem Tuch abgedeckt dämpfen lassen.

2. Das Lammfleisch in dünne Scheiben schneiden. Die Chilischoten entkernen und in Ringe schneiden. Knoblauch und Ingwer schälen und mit der Hälfte der Chilischoten zusammen auf einem Brett fein hacken. Die Zwiebeln abziehen und in Würfel schneiden.

3. In einer tiefen Pfanne 3 EL Öl erhitzen und die Zwiebeln darin langsam goldgelb dünsten. 1/8 l Wasser zugießen und alles kurz durchköcheln lassen, salzen. Mit dem Schneidstab pürieren, aus der Pfanne nehmen und beiseite stellen. Das übrige Öl in der Pfanne erhitzen und Knoblauch, Ingwer und Chili leicht darin anrösten. Das Lammfleisch hinzufügen und etwa 3 Minuten unter Rühren braten.

4. Die Kokosmilch zugießen, salzen und die Gewürzmischung einrühren. Zugedeckt etwa 5 Minuten schmoren. Das Zwiebelpüree unterrühren und 2 Minuten offen schmoren. Mit Salz abschmecken. Den Reis mit Chiliringen und einem Hauch Gewürzmischung bestreuen.

Pro Portion ca. 700 kcal

Fertig in 50 Minuten, davon Zubereitung 30 Minuten

Dazu: ein scharfes, fruchtiges Chutney

TIPP

Die kleinen roten Chilischoten sind am schärfsten. Man kann Chilischoten kaum einzeln kaufen. Wenn Sie nicht alle brauchen, frieren Sie die restlichen einfach ein. Wer's noch schärfer mag, würzt mit Sambal oelek (roter Pfefferbrei im Glas) nach.

Spaghetti mit Scampi

FÜR 2 PERSONEN
Salz
2 Zwiebeln
2 Knoblauchzehen
3 EL Olivenöl
50 ml Weißwein (oder
Fischfond und
2 EL Zitronensaft)
50 ml Fischfond (Glas)
frisch gemahlener Pfeffer
200 g Scampi (roh und
geschält)
200 g Spaghetti
1 Bund glatte Petersilie
50 ml Schlagsahne

1. Salzwasser für die Spaghetti aufsetzen. Zwiebeln und Knoblauchzehen abziehen. Die Zwiebeln würfeln, den Knoblauch fein hacken. Beides in Olivenöl weich und glasig dünsten. Mit Wein und Fischfond ablöschen. Salzen, pfeffern und offen etwas einkochen. Scampi dazugeben und 2 Minuten darin dünsten.

2. Inzwischen die Spaghetti nach Packungsanweisung bissfest kochen.

3. Petersilie waschen und hacken, dann mit Sahne und abgetropften Spaghetti zu den Scampi geben. Alles 1 Minute unter gelegentlichem Schwenken dünsten. Auf vorgewärmte Teller füllen.

Pro Portion ca. 660 kcal   Fertig in 20 Minuten

TIPP
Fischfond gibt's in Gläsern von 400 bis 500 ml. Angebrochen ist er im Kühlschrank nur wenige Tage haltbar – er lässt sich jedoch gut in Joghurtbechern einfrieren.

4. KAPITEL

Gemüse

GEDÜNSTET, GRATINIERT ODER ÜBERBACKEN

Gratinierter Kürbis

FÜR 2 PERSONEN
1/2 Kürbis (ca. 500 g,
z. B. Hokkaido- oder Muskatkürbis)
2 EL weiche Butter
Kräutersalz
frisch gemahlener Pfeffer
100 g Bacon
1/2 Bund Petersilie
1 kleiner Zweig frischer Rosmarin
2 EL Semmelmehl
2 EL geriebener Parmesan-Käse

1. Den Kürbis in fingerdicke Spalten schneiden, die äußere Schale und die Kerne entfernen. Die Kürbisspalten beidseitig mit weicher Butter einpinseln und auf zwei Gratinformen verteilen. Mit Kräutersalz und Pfeffer bestreuen. Backofen auf 225 Grad/ Umluft 200 Grad/Gas Stufe 4 vorheizen.

2. Den Bacon zuerst in Streifen schneiden und dann fein hacken. Petersilie und Rosmarin abspülen und trockentupfen. Petersilienblätter und Rosmarinnadeln vom Stiel zupfen. Beides zusammen fein hacken. Alles mit Semmelmehl und Parmesan-Käse vermischen und über den Kürbis verteilen. Im vorgeheizten Backofen 20 Minuten backen. Das Gericht in den Gratinformen servieren.

Pro Portion ca. 410 kcal   Fertig in 30 Minuten

Dazu: Baguette

Spargel-Kartoffel-Gemüse mit Lachs und Ei

FÜR 4 PERSONEN
1,5 kg weißer Spargel
750 g kleine fest kochende Kartoffeln
1 Bund gemischte Kräuter (Dill, Petersilie, Liebstöckel, Borretsch)
60 g Butter
4 Eier
frisch gemahlener Pfeffer
Salz
300 g Räucherlachs

1. Den Spargel und die Kartoffeln schälen. Spargel in Stücke schneiden, Kartoffeln längs vierteln. Beides zusammen in 1/4 l Wasser in etwa 15 bis 20 Minuten gar kochen.

2. Die Kräuter waschen, trockentupfen, die groben Stiele entfernen und fein hacken. Etwa 40 g Butter in einem Topf schmelzen lassen und die Kräuter hineingeben; unter Rühren sanft dünsten. Spargel und Kartoffeln abgießen und in der Kräuterbutter schwenken, kurz ziehen lassen.

3. In der restlichen Butter 4 Spiegeleier braten, leicht pfeffern und salzen.

4. Das Gemüse auf Teller verteilen und je 1 Spiegelei darauf setzen; den Räucherlachs in breite Streifen schneiden und um die Spiegeleier anrichten.

Pro Portion ca. 570 kcal

Fertig in 40 Minuten, davon Zubereitung 30 Minuten

Bohnengemüse

FÜR 4 PERSONEN

500 g Schneidebohnen
500 g fest kochende
Kartoffeln
Salz
2 Zwiebeln
2 große Tomaten
1 EL Butter
1 Knoblauchzehe
1/2 TL getrockneter Majoran
frisch gemahlener Pfeffer
50 g Mandelblättchen

1. Bohnen putzen, waschen und in mundgerechte Stücke schneiden. Kartoffeln schälen und daumendick würfeln. Beides in einem Topf in Salzwasser in 15 Minuten gar kochen.

2. Die Zwiebeln abziehen und in Ringe schneiden. Die Tomaten überbrühen, abziehen und in Stücke schneiden. In einer Pfanne Butter erhitzen und die Zwiebeln darin glasig dünsten. Tomaten dazugeben und etwa 5 Minuten weiterdünsten.

3. Knoblauch darüber pressen, mit Majoran, Salz und Pfeffer würzen und abschmecken. Bohnen und

Kartoffeln abgießen, in die Pfanne geben und 1 Minute durchziehen lassen.

4. Mandelblättchen ohne Fett in einer Pfanne goldbraun rösten und über das Bohnengemüse streuen.

Pro Portion ca. 270 kcal

Fertig in 35 Minuten, davon Zubereitung 20 Minuten

TIPP

Statt Mandelblättchen über das Gemüse zu streuen, können Sie auch Parmesan-Käse darüber hobeln.

Spargel-Crêpes

FÜR 4 PERSONEN

Crêpe-Teig:

200 ml Milch

100 g Mehl

2 Eier

Salz

2 EL geschmolzene Butter

etwas Öl zum Einpinseln der Pfanne

Fett für die Form

Füllung:

1,5 kg weißer Spargel

Salz

1 EL Butter

1 EL Mehl

1 Eigelb

1 EL Tomatenmark

200 g Crème fraîche

100 g geriebener Käse (z. B. Emmentaler)

8 Scheiben Parmaschinken

30 g frisch geriebener Parmesan-Käse

1. Für den Crêpe-Teig Milch und Mehl verrühren. Eier und 1/2 TL Salz unterrühren. Die Butter einrühren.

2. Für die Füllung den Spargel schälen und in 1/2 l leicht gesalzenem Wasser 15 bis 20 Minuten gar kochen. Den Spargelsud um die Hälfte einkochen. Butter und Mehl mit einer Gabel verkneten und in den siedenden Spargelsud rühren. 5 Minuten sanft garen. Eigelb und Tomatenmark unter die Spargelsoße rühren. Den Backofen auf 200 Grad/Umluft 180 Grad/Gas Stufe 3 vorheizen.

3. Zum Backen der Crêpes eine beschichtete Pfanne mit Öl einpinseln und erhitzen. Nacheinander 8 hauchdünne Crêpes backen.

4. Die Crêpes mit je 1 TL Crème fraîche bestreichen, mit etwa 1 EL Käse bestreuen und 3 bis 4 Spargelstangen darauf legen. Aufrollen und jede Rolle mit 1 Schinkenscheibe umwickeln.

5. Die aufgerollten Crêpes in eine gefettete Form legen, je 1 EL Soße darüber geben und mit Parmesan-Käse bestreuen. Die Crêpes im vorgeheizten Ofen etwa 20 Minuten backen.

Pro Portion ca. 690 kcal

Fertig in 60 Minuten, davon Zubereitung 30 Minuten

Gemüse-Rösti

FÜR 2 PERSONEN

1 Bund Frühlingszwiebeln

200 g junge Möhren

4 vorwiegend fest kochende Kartoffeln (ca. 350 g)

je 75 g Schnitt- und Feta-Käse

frisch gemahlener Pfeffer

Salz

1 EL Butter

ca. 100 g kleine Tomaten

2 EL Pinienkerne

Abwandlung

An Stelle der Zwiebeln können Sie problemlos 2 kleine feste Zucchini nehmen. Gut geeignet sind auch Süßkartoffeln – am besten schmeckt eine Mischung aus diesen beiden Gemüsen. Kürbis- oder Sonnenblumenkerne passen ebenfalls zum Rösti.

1. Die Frühlingszwiebeln putzen, das knackige Grün der Zwiebel mit verwenden. Möhren und Kartoffeln schälen, abspülen und abtropfen lassen. Die Zwiebeln schräg in feine Scheibchen schneiden. Den Backofen auf 225 Grad/Umluft 200 Grad/Gas Stufe 4 vorheizen.

2. Kartoffeln und Möhren auf der groben Seite der Reibe raspeln. Beide Käsesorten ebenfalls grob reiben. Gemüse und beide Sorten Käse in eine Schüssel geben und vermischen.

3. Pfeffer über das Gemüse geben und vorsichtig mit Salz würzen (der Feta-Käse ist relativ salzig). Zwei kleine, flache Gratinformen (ø ca. 20 cm) mit etwas weicher Butter auspinseln. Das Gemüse hineinfüllen.

4. Die Tomaten abspülen, halbieren und auf das Gemüse legen. Pinienkerne darüber streuen. Die restliche Butter in kleinen Flöckchen über allem verteilen. Im vorgeheizten Ofen auf dem Rost auf der mittleren Schiene in etwa 15 Minuten goldgelb backen.

Pro Portion ca. 480 kcal

Fertig in 30 Minuten, davon Zubereitung 15 Minuten

Gemüse und Käse in einer Schüssel mit Hilfe von zwei Gabeln locker vermischen

Die Käse-Gemüse-Mischung in zwei flache, kleine Gratinformen füllen, die vorher mit etwas Butter ausgepinselt wurden.

Polenta mit Pilzragout

FÜR 2 PERSONEN

Polenta:

Salz

100 g Polenta (grober Maisgrieß)

1 EL Butterschmalz

Pilzragout:

100 g Pfifferlinge

200 g Austernpilze

200 g rosa Champignons

1 Zwiebel

1 bis 2 Knoblauchzehen

2 EL Olivenöl

50 ml Gemüsebrühe (Instant)

50 ml Schlagsahne

Pfeffer aus der Mühle

Salz

etwas Petersilie

1. 1/4 l Wasser und Salz zum Kochen bringen, Maisgrieß einrühren. Polenta auf kleiner Hitze unter ständigem Rühren etwa 10 Minuten garen. Die Polenta in eine Form (ø ca. 20 cm) füllen, glatt streichen und abkühlen lassen.

2. Für das Pilzragout die Pfifferlinge gründlich waschen (sie sind meistens ziemlich sandig). Austernpilze und Champignons mit einem Pinsel trockenputzen. Große Austernpilze in Lamellenrichtung in Streifen zupfen, Champignons vierteln. Zwiebel und Knoblauch abziehen und hacken.

TIPP

Polenta kann gut auf Vorrat zubereitet werden. Abgekühlt und gut abgedeckt hält sie sich im Kühlschrank etwa 10 Tage.

3. Zwiebel und Knoblauch in heißem Olivenöl 1 bis 2 Minuten unter Rühren andünsten, dann alle Pilze hinzufügen und bei großer Hitze unter ständigem Rühren etwa 4 Minuten braten. Mit Brühe ablöschen und Sahne hinzufügen. Alles 1 Minute einkochen und mit reichlich Pfeffer würzen; mit Salz abschmecken.

4. Die Polenta in Stücke schneiden und in einer Pfanne in heißem Butterschmalz braten. Pilzragout mit den Polentascheiben anrichten, mit gehackter Petersilie bestreuen.

Pro Portion ca. 450 kcal

Fertig in 40 Minuten, davon Zubereitung 25 Minuten

Gefüllte Kartoffeln

FÜR 4 PERSONEN

4 große Kartoffeln (à ca. 350 g)
200 g Feta-Käse
4 EL Milch
2 EL geschmolzene Butter
2 Knoblauchzehen
frisch gemahlener Pfeffer
Salz
rote Pfefferkörner

1. Die Kartoffeln gründlich bürsten und in etwa 20 Minuten gar kochen. Einen „Deckel" abschneiden und das Innere der Kartoffeln mit einem Teelöffel etwas auskratzen. Den Backofen auf 225 Grad/Umluft 200 Grad/Gas Stufe 4 vorheizen.

2. Den Feta-Käse in kleine Würfel schneiden und mit dem Kartoffelinneren, der Milch, geschmolzener Butter und durchgepresstem Knoblauch vermischen, leicht pfeffern und salzen. In die Kartoffeln füllen. Die Kartoffeln in eine flache ofenfeste Form setzen.

3. Die Kartoffeln im vorgeheizten Backofen etwa 5 bis 8 Minuten backen und dann mit roten Pfefferkörnern bestreuen.

Pro Portion ca. 260 kcal

Fertig in 50 Minuten, davon Zubereitung 15 Minuten

Dazu: Blattsalat

Reibekuchen mit Apfelmus

FÜR 2 PERSONEN

2 Eier
1 EL Mehl
Salz
1 kleine Zwiebel
3 große Kartoffeln (zusammen ca. 300 g)
1 1/2 EL Butterschmalz zum Braten
5 EL Apfelmus aus dem Glas
2 Äpfel
2 TL Johannisbeergelee
frische Zitronenmelisse

1. Die Eier in eine Rührschüssel geben und verquirlen. Das Mehl und etwas Salz mit einem Schneebesen darunter rühren. Die Zwiebel abziehen und fein darüber reiben.

2. Die Kartoffeln schälen und waschen. Die Kartoffeln grob in die Eimischung reiben und vermischen.

3. Butterschmalz in einer großen beschichteten Pfanne erhitzen. Den Kartoffelteig löffelweise hineingeben und flach drücken, so dass kleine Küchlein entstehen. Wenn sich braune Ränder zeigen – etwa nach 1 1/2 bis 2 Minuten –, die Reibekuchen vorsichtig wenden.

4. Apfelmus in eine Schüssel geben. Die Äpfel schälen und direkt in das Mus reiben. In Schälchen füllen und mit Johannisbeergelee und frischer Melisse garnieren. Mit den Reibekuchen essen.

Pro Portion ca. 550 kcal   Fertig in 30 Minuten

TIPP

Wer nur eine leichte Zwiebelwürze mag, presst kleine Zwiebelstücke durch die Knoblauchpresse, so dass die Reibekuchen lediglich mit ein paar Tropfen Zwiebelsaft gewürzt werden.

Die Kartoffeln sollten nach dem Reiben sofort mit dem Ei vermischt werden, damit sie nicht anlaufen. Dann gleich braten.

Das Fett muss heiß sein, sonst saugen die Reibekuchen zu viel Fett auf und werden nicht knusprig. Erst wenden, wenn sie einen krossen braunen Rand zeigen.

Gefülltes Gemüse

FÜR 4 PERSONEN

2 rote Paprikaschoten
4 zartgrüne spitze
Paprikaschoten
2 Zucchini
1 Bund Schnittlauch
200 g körniger Frischkäse
100 g Kräuterfrischkäse
50 g geriebener Gouda-Käse
2 Eier
2 Knoblauchzehen
Kräutersalz
frisch gemahlener Pfeffer
Fett für das Blech
4 kleine Tomaten

1. Das Gemüse waschen und vorbereiten. Die roten Paprikaschoten in 4 Stücke schneiden, und zwar so, dass man sie anschließend füllen kann; entkernen. Die kleinen zartgrünen Schoten aufschlitzen und die Kerne herauslösen. Zucchini längs halbieren und das weiche Innere mit einem Teelöffel herauskratzen. Backofen auf 200 Grad/Umluft 170 Grad/ Gas Stufe 3 vorheizen.

2. Für die Füllung Schnittlauch abspülen, trockentupfen und in Ringe schneiden, ein paar Halme für die Garnitur übrig lassen. Beide Frischkäse und den Gouda in eine Schüssel geben. Die Eier darunter rühren und die Knoblauchzehen darüber pressen. Schnittlauch dazugeben, alles vorsichtig durchrühren und mit Kräutersalz und Pfeffer würzen und abschmecken.

3. Das Gemüse füllen und nebeneinander auf das gefettete Backblech setzen. Tomaten in Scheiben schneiden und auf das gefüllte Gemüse legen. Im vorgeheizten Backofen etwa 30 Minuten backen, mit Schnittlauch garnieren. Schmeckt warm oder kalt.

Pro Portion ca. 430 kcal

Fertig in 50 Minuten, davon Zubereitung 20 Minuten

Dazu: kräftiges Weizenvollkornbrot

Buntes Gemüse mit Mandeln

FÜR 4 PERSONEN

je 2 rote und
gelbe Paprikaschoten
500 g Flaschentomaten
1 Gemüsezwiebel (400 g)
4 EL Sonnenblumenöl
1 TL Chiliöl
100 g abgezogene Mandeln
Salz
3 EL Weinessig
Saft von 1 Orange
1 Bund Basilikum

1. Die Paprikaschoten abspülen, halbieren, entkernen und in grobe Stücke schneiden. Die Tomaten überbrühen, schälen und grob zerschneiden. Die Zwiebel abziehen und in fingerdicke Würfel schneiden.

2. Beide Öle in einem breiten, flachen Topf langsam erhitzen. Mandeln hinzufügen und sanft hellbraun rösten. Die Zwiebelwürfel zu den Mandeln geben und glasig dünsten. Paprika dazugeben und alles 1 Minute unter Rühren andünsten. Tomaten dazugeben und leicht salzen. Mit Weinessig und Orangensaft ablöschen.

3. Den Topf schließen und alles 10 Minuten schmoren; zwischendurch einmal umrühren, mit Salz abschmecken. Basilikum in Streifen schneiden und dazugeben.

Pro Portion ca. 350 kcal

Fertig in 30 Minuten, davon Zubereitung 20 Minuten

Dazu: heißes Knoblauchbrot

Gebackene Kräutertomaten

FÜR 4 PERSONEN

8 mittelgroße vollreife Tomaten
4 Scheiben Weizenvollkornbrot
4 frische junge Knoblauchzehen
2 Bund glatte Petersilie
1 kleines Glas Kapern (30 g Einwaage)
Salz
frisch gemahlener Pfeffer
1 TL getrockneter Oregano
8 EL Olivenöl

1. Die Tomaten auf der Stielseite flach abschneiden und die Kerne etwa zur Hälfte mit einem Teelöffel herausschälen. Die Tomaten zum Abtropfen umgedreht auf einen Teller legen. Den Ofen auf 180 Grad/Umluft 160 Grad/Gas Stufe 2 bis 3 vorheizen.

2. Für die Füllung das Brot in sehr kleine Würfel schneiden und in eine Schüssel geben. Knoblauch abziehen, Petersilie waschen, trockentupfen und die Blätter von den Stielen zupfen. Knoblauch, Petersilie und Kapern zusammen im Blitzhacker oder auf einem großen Brett fein hacken. Zum Brot in die Schüssel geben. Mit Salz, Pfeffer und Oregano vermischen.

3. Die Füllung auf die Tomaten verteilen. Nebeneinander in eine flache feuerfeste Form setzen. Mit Olivenöl beträufeln und im vorgeheizten Ofen 30 Minuten backen.

Pro Portion ca. 340 kcal

Fertig in 50 Minuten, davon Zubereitung 20 Minuten

TIPP

Die Kräutertomaten schmecken warm oder kalt und passen hervorragend auf ein kaltes Büfett. Zusammen mit den Auberginenschnitzeln sind sie eine feine vegetarische Sommermahlzeit für 4 bis 5 Personen.

Auberginenschnitzel

FÜR 4 PERSONEN

2 große Auberginen
Salz
2 Eier
4 EL Mehl
50 ml Weißwein oder
Mineralwasser
etwa 1/2 l Sonnenblumenöl zum Ausbacken
1 Zitrone

1. Die Auberginen in 1/2 cm dicke Scheiben schneiden, mit Salz bestreuen und 20 bis 30 Minuten „schwitzen" lassen.

2. Eier trennen. Mehl, Salz, Eigelbe und Wein zu einem glatten Teig verrühren. Eiweiße halb fest schlagen und unter den Teig ziehen.

3. Auberginen abspülen und sehr gut trockentupfen. Öl in einer tiefen Pfanne erhitzen. Die Auberginenscheiben durch den Teig ziehen und in das heiße Öl legen. Von beiden Seiten schwimmend goldbraun backen. Kurz auf Küchenpapier abtropfen lassen. Die Zitrone in Spalten schneiden und mit den Auberginen anrichten.

Pro Portion ca. 230 kcal

Fertig in 40 Minuten, davon Zubereitung 20 Minuten

TIPP

Das Öl muss richtig heiß sein, wenn die Auberginen hineinkommen. Zur Probe können Sie erst 1 TL Teig hineingeben. Ist die Temperatur richtig, wird er sofort braun.

Spinat-Omelett

FÜR 2 PERSONEN

500 g grober Spinat

1 Bund Frühlingszwiebeln

20 g Pinienkerne

2 EL Butterschmalz

1 Knoblauchzehe

Salz

frisch gemahlener Pfeffer

3 Eier

2 EL geriebener
Parmesan-Käse

Parmesan-Käse vom Stück

1. Den Spinat verlesen und die Stiele entfernen. Die Blätter gründlich waschen und tropfnass in einem geschlossenen Kochtopf bei größter Hitze zusammenfallen lassen. Zum Abtropfen auf ein Sieb geben. Frühlingszwiebeln putzen, waschen und klein schneiden. Pinienkerne ohne Fett in einer Pfanne goldbraun rösten, herausnehmen.

2. 1 EL Butterschmalz in der Pfanne erhitzen. Knoblauch halbieren und in die Pfanne pressen, Frühlingszwiebeln dazugeben. 1 Minute unter Rühren weich dünsten. Den Spinat gründlich auspressen, etwas klein schneiden, hinzufügen und offen unter Rühren 1 Minute mitdünsten. Mit Salz und Pfeffer würzen. Aus der Pfanne nehmen.

3. Nacheinander die Omeletts braten: Eier mit Salz, Pfeffer und geriebenem Parmesan-Käse verschlagen. 1/2 EL Butterschmalz in der Pfanne erhitzen. Die Hälfte der Eiermischung hineingießen und bei kleiner Hitze 1 Minute braten. Die Hälfte Spinat darauf verteilen und das Omelett 2 Minuten weiterbraten.

4. Das fertige Omelett im Backofen bei 100 Grad/Umluft 80 Grad/Gas Stufe 1 warm halten und das zweite Omelett braten. Die Omeletts mit den gerösteten Pinienkernen bestreuen. Etwas Parmesan-Käse vom Stück darüber hobeln und servieren.

Pro Portion ca. 480 kcal   Fertig in 30 Minuten

Mit dem Schneidstab werden die Eier mit dem geriebenen Käse schnell und sorgfältig vermischt.

Quark-Gemüse-Blinis

FÜR 2 PERSONEN

2 Möhren
1 kleine Stange Porree
1 kleine rote Paprikaschote
3 Eier
Salz
4 EL Mehl
250 g Speisequark (Magerstufe)
frisch gemahlener Pfeffer
etwa 1 1/2 EL Butterschmalz zum Braten

1. Möhren schälen und grob raspeln. Porree putzen, waschen und das Weiße sowie das zarte Grün der Stangen in sehr feine Ringe schneiden. Die Paprikaschote abspülen und rundherum mit dem Sparschäler schälen; halbieren, entkernen und das Fruchtfleisch in feine Würfel schneiden.

2. Eier trennen und die Eiweiße mit 1 Prise Salz steif schlagen. Eigelbe mit Mehl, Quark, etwas Salz und Pfeffer verrühren. Das Gemüse darunter rühren. Zuletzt den Eischnee locker unter den Teig heben.

3. Butterschmalz in einer beschichteten Pfanne erhitzen und den Teig esslöffelweise nebeneinander ins heiße Fett geben; mit dem Löffelrücken etwas flach drücken. Ca. 8 Blinis bei mittlerer Hitze von jeder Seite in etwa 2 bis 3 Minuten braten.

Pro Portion ca. 420 kcal   **Fertig in 20 Minuten**

Dazu: grüner Salat oder eine würzige Tomatensoße

TIPP

Die gebratenen Blinis aus der Pfanne nehmen und im Backofen warmhalten, bis alle fertig sind.

Eier in Senfsoße

FÜR 4 PERSONEN

750 g kleine Kartoffeln
1 Zwiebel
1/4 l Gemüsebrühe (Instant)
1/8 l Weißwein (oder Brühe und 3 EL Weinessig)
8 Eier
1 TL Speisestärke
150 g saure Sahne
2 EL Senf
1 EL Butter
1 EL Tomatenmark
Salz
frisch gemahlener Pfeffer
1 Tablett Kresse

1. Die Kartoffeln bürsten und in etwa 15 Minuten in der Schale gar kochen. Die Zwiebel fein würfeln und mit Gemüsebrühe und Wein in einen Topf geben. Zugedeckt 10 Minuten leicht kochen lassen, dann durchsieben. Die Eier etwa 7 Minuten kochen.

2. Speisestärke mit 2 EL Wasser anrühren und in den durchgesiebten Fond einrühren, unter Rühren aufkochen lassen. Saure Sahne und Senf einrühren, die Soße abschmecken, nicht mehr kochen lassen.

3. Die Kartoffeln abgießen, pellen und halbieren. Butter in einer Pfanne erhitzen, Tomatenmark kurz

anschwitzen und die Kartoffeln darin schwenken, salzen und pfeffern. Die Eier pellen, halbieren und mit der Senfsoße anrichten, die Kresse mit einer Schere darüber schneiden. Kartoffeln dazu reichen.

Pro Portion ca. 360 kcal

Fertig in 40 Minuten, davon Zubereitung 30 Minuten

TIPP

Senf verliert während des Kochens seine Schärfe. Deshalb die Soße erst fertig garen und zum Schluss den Senf nach Geschmack und Schärfe einrühren.

Überbackener grüner Spargel

FÜR 2 PERSONEN
750 g grüner Spargel
1/2 Bund Petersilie
1 TL Butter
Zucker
1/2 TL Salz
4 EL Schlagsahne
2 Eigelb
4 EL frisch geriebener Parmesan-Käse

1. Den Spargel waschen und nur das untere Drittel der Stangen dünn schälen. Petersilie waschen, trockentupfen und fein hacken. Butter, 1 Prise Zucker und 1/2 Tasse leicht gesalzenes Wasser zum Kochen bringen. Den Spargel hineingeben. Zugedeckt etwa 12 Minuten dünsten. Den Backofen auf 200 Grad/Umluft 180 Grad/ Gas Stufe 3 vorheizen.

2. Den Spargel mit einer Schaumkelle herausheben und auf zwei Gratinförmchen verteilen. Den Sud offen bis auf einen kleinen Rest einkochen. Vom Herd nehmen.

3. Sahne und Eigelbe verrühren, unter den reduzierten Sud heben. Über den Spargel verteilen. Mit Parmesan-Käse und Petersilie bestreuen. Die Formen in den vorgeheizten Backofen schieben und 20 Minuten backen.

Pro Portion ca. 240 kcal

Fertig in 45 Minuten, davon Zubereitung 25 Minuten

Dazu: Baguette

Gemüse-Käse-Gratin

FÜR 2 PERSONEN
500 g Kartoffeln
250 g zarte Möhren
1 Stange Porree
etwas Kräutersalz
1 EL Butter
125 g Camembert
2 Eier
100 ml Milch
1/2 TL Paprikapulver
50 g Walnusskerne

1. Kartoffeln und Möhren mit dem Sparschäler schälen und waschen. Porree putzen, waschen und in feine Ringe schneiden. Kartoffeln und Möhren mit dem Gurkenhobel in feine Scheiben hobeln. Den Backofen auf 225 Grad/Umluft 200 Grad/ Gas Stufe 4 vorheizen.

2. Das Gemüse in einen Topf schichten: unten die Kartoffeln, dann die Möhren und darauf den Porree. Etwas Kräutersalz darüber streuen, 100 ml Wasser dazugeben. Zugedeckt zum Kochen bringen. Bei niedrigster Temperatur 8 Minuten dünsten.

3. Zwei Gratinformen (ø ca. 18 bis 20 cm) mit etwas Butter fetten. Das Gemüse mit der Schaumkelle aus dem Topf heben und in die Formen geben.

4. Den Camembert in Scheiben schneiden und auf dem Gemüse anrichten. Eier, Milch und Paprikapulver verquirlen und darüber gießen. Die Walnüsse zerbrechen und darüber verteilen, die restliche Butter in Flöckchen darauf setzen. Das Gratin im vorgeheizten Ofen etwa 10 Minuten backen.

Pro Portion ca. 690 kcal

Fertig in 30 Minuten, davon Zubereitung 20 Minuten

Möhren und Kartoffeln lassen sich auf einem Gemüsehobel besonders gleichmäßig fein hobeln. Das geht schnell, und die Garzeit ist kurz.

Ein vollfetter Camembert schmilzt besonders cremig und schmeckt gut zum Gemüse. Sie können aber auch einen beliebigen Schnittkäse nehmen.

74

Gemüsesuppe

Für 4 Personen
250 g Schneidebohnen
1 Kohlrabi
300 g Kartoffeln
1 Fenchelknolle
1 rote Paprikaschote
1 große Gemüsezwiebel
4 EL Sonnenblumenöl
1 Dose weiße Bohnen (400 g Einwaage)
1 1/2 l Gemüsebrühe (Instant)
4 EL Mayonnaise
2 EL Crème fraîche
3 Knoblauchzehen
Kräutersalz
Cayennepfeffer

Abwandlung

In Italien rührt man sich etwas Parmesan-Käse, einige Tropfen kaltgepresstes Olivenöl und – wenn man hat – Pesto in die Suppe. Im Süden des Landes wird sie an heißen Tagen oft auch kalt gegessen.

1. Das Gemüse putzen, schälen, waschen und klein schneiden. Die Zwiebel abziehen und würfeln.

2. Öl in einem großen Topf erhitzen und die Zwiebelwürfel darin glasig dünsten. Das Gemüse dazugeben und etwa 3 Minuten unter Rühren mitdünsten.

3. Die weißen Bohnen abgießen und dazugeben, die Gemüsebrühe zugießen. Alles zum Kochen bringen und dann zugedeckt bei niedriger Temperatur etwa 30 Minuten köcheln lassen.

4. Mayonnaise mit Crème fraîche und durchgepresstem Knoblauch verrühren und mit Kräutersalz und Cayennepfeffer abschmecken. Knoblauchmayonnaise zur Suppe essen.

Pro Portion ca. 540 kcal

Fertig in 50 Minuten, davon Zubereitung 25 Minuten

Dazu: Brot

Gefüllte Papayas

Für 4 Personen
400 g Rinderhack
1/4 l Gemüsebrühe (Instant)
4 EL frisch geriebener Parmesan-Käse
1/2 TL Sambal oelek
2 EL Crème fraîche
etwas Schale und Saft von 1 Zitrone
Salz
4 Papayas
frisch gemahlener Pfeffer

1. Rinderhack und die Hälfte der Gemüsebrühe in einem Topf verrühren und so lange offen kochen, bis die Flüssigkeit verdampft ist, dabei hin und wieder umrühren. Die Hälfte des Parmesan-Käses, Sambal oelek, Crème fraîche und die abgeriebene Zitronenschale unter das Hack rühren und mit Salz abschmecken. Den Backofen auf 225 Grad/Umluft 200/ Gas Stufe 4 vorheizen.

2. Die Papayas halbieren und die Kerne herauskratzen. Das Fruchtfleisch mit Zitronensaft, Salz und Pfeffer würzen. Die Papayahälften in eine entsprechend große Schmorform setzen, mit dem Hack füllen und mit dem restlichen Parmesan-Käse bestreuen. Die restliche Brühe zwischen die Früchte in die Form gießen. Die Papayas im vorgeheizten Backofen auf der mittleren Schiene 20 Minuten backen.

Pro Portion ca. 420 kcal

Fertig in 60 Minuten, davon Zubereitung 30 Minuten

Dazu: Baguette

Die Kerne lassen sich mit einem Tee- oder Kaffeelöffel mühelos aus den Früchten kratzen.

Gefüllte Mangoldrollen

FÜR 4 PERSONEN

2 große Mangold-
stauden (ca. 1 kg)

Salz

30 g Reis

1 Bund Frühlingszwiebeln

3 EL Öl

30 g Pinienkerne

60 g Rosinen

1 TL Mehl

frisch gemahlener Pfeffer

Kräutersalz

1/8 l Gemüsebrühe (Instant)

100 g milder Feta-Käse

Fett für die Form

2 EL Olivenöl

Tomatensoße:

500 g Strauchtomaten

2 Knoblauchzehen

1 EL Butter

Salz

1 TL Zucker

1. Die Mangoldblätter von den Stielen trennen und waschen. Nur die zarten inneren Stiele – etwa 250 g – verwenden. Diese Stiele waschen und klein schneiden (in Reiskorngröße). Salzwasser zum Kochen bringen und die Blätter kurz blanchieren, sofort in kaltem Wasser abkühlen.

2. Den Reis in kochendem Wasser in etwa 10 Minuten halb gar kochen, abtropfen lassen. Frühlingszwiebeln putzen und klein schneiden. Öl in einer Pfanne erhitzen und Zwiebeln und Mangoldstiele darin unter Rühren 2 Minuten dünsten. Dann Pinienkerne, Rosinen und Reis hinzufügen und 1 Minute mitdünsten. Mehl darüber stäuben, mit Pfeffer und Kräutersalz würzen.

3. Gemüsebrühe erhitzen. Die Mangoldblätter nebeneinander auslegen, etwa 1 EL von der Reisfüllung darauf geben. Den Feta-Käse in dünne Spalten schneiden und darauf legen.

Die Blätter aufrollen und dabei die Ränder einschlagen. Eine Auflaufform fetten und die Röllchen mit der Nahtstelle nach unten nebeneinander hineinlegen. Heiße Gemüsebrühe zugießen, die Röllchen mit Olivenöl einpinseln. Mit Pergamentpapier abdecken und im Backofen bei 200 Grad/Umluft 180 Grad/Gas Stufe 3 etwa 40 Minuten garen.

4. Für die Soße die Tomaten mit heißem Wasser überbrühen. Knoblauchzehen abziehen und klein hacken; in einem Topf in Butter andünsten. Die Tomaten abziehen, grob zerschneiden und hinzufügen. Offen etwa 8 Minuten einkochen. Mit Salz und Zucker abschmecken. Die Röllchen aus dem Ofen nehmen und auf der Tomatensoße anrichten.

Pro Portion ca. 420 kcal

Fertig in 60 Minuten, davon Zubereitung 30 Minuten

Dazu: Baguette

Bunte Spiegeleier

FÜR 2 PERSONEN

1 große rote oder gelbe Paprikaschote
1 Bund Frühlingszwiebeln
1 Chilischote
2 TL Butterschmalz
200 g Kirschtomaten
4 Eier
Salz
frisch gemahlener Pfeffer
50 g Schafkäse
50 g Mozzarella
frische Basilikumblättchen

1. Paprikaschote putzen, waschen und in kleine Würfel schneiden. Frühlingszwiebeln mit dem knackigen Grün putzen, waschen und grob zerkleinern. Die Chilischote halbieren und entkernen.

2. Paprika, Zwiebeln und Chili in zwei kleinen beschichteten Pfannen in je 1 TL Butterschmalz etwa 5 Minuten anbraten. Die Kirschtomaten halbieren, dazugeben und 1 Minute unter Schwenken mitgaren. Die Eier aufschlagen und in die Mitte gleiten lassen. Salzen und pfeffern.

3. Schafkäse und Mozzarella würfeln, mischen und darüber verteilen. Bei geringer Hitze in 8 Minuten fertig braten. Mit Basilikum bestreuen.

Pro Portion ca. 470 kcal   Fertig in 20 Minuten

Dazu: kräftiges Weizenvollkornbrot

Gebackene Auberginen

FÜR 2 PERSONEN
2 Auberginen (ca. 500 g)
Salz
4 Tomaten (300 g)
1 Paket Mozzarella (150 g)
2 Knoblauchzehen
4 EL Öl
etwas Cayennepfeffer
ein paar Basilikumblätter

1. Die Auberginen waschen und der Länge nach in 1 1/2 cm dicke Scheiben schneiden, so dass sie unten und am Stielansatz noch zusammenhängen. Die Einschnitte salzen und 20 Minuten „schwitzen" lassen. Anschließend abspülen und gut trockentupfen.

2. Inzwischen die Tomaten und den Mozzarella in dünne Scheiben schneiden. Knoblauch halbieren und in eine Schüssel pressen. Öl und Cayennepfeffer darunter rühren. Die Schnittflächen der Auberginen mit dem Knoblauchöl einpinseln. Den Ofen auf 200 Grad/Umluft 180 Grad/Gas Stufe 3 vorheizen.

3. Mozzarella-, Tomatenscheiben und Basilikumblätter abwechselnd in die Einschnitte der Auberginen stecken. Die Auberginen in je eine Gratinform legen und mit einem Bogen Pergamentpapier abdecken. Im vorgeheizten Backofen etwa 40 Minuten backen.

Pro Portion ca. 490 kcal

Fertig in 60 Minuten, davon Zubereitung 20 Minuten

Dazu: Baguette

Die Auberginen müssen so geschnitten werden, dass sie am Stiel zusammenbleiben.

Scharfes Bohnen-Chili mit Avocadocreme

FÜR 4 PERSONEN

Bohnen-Chili:

1 Gemüsezwiebel (250 g)
1 Bund Suppengrün
2 grüne Paprikaschoten
2 kleine rote Chilischoten
3 EL Öl
1 Dose Kidney-
bohnen (800 g Einwaage)
1 Paket gewürfelte
Tomaten (500 g)
Salz

Avocadocreme:

2 weiche Avocados
1 kleine Zwiebel
Saft von 1/2 Zitrone
1/2 TL Zucker
1 Becher saure
Sahne (150 g)
30 g Kürbiskerne
Salz
Cayennepfeffer
1 Beutel Taco-Chips (100 g)

1. Die Zwiebel abziehen und würfeln. Das Suppengrün putzen, waschen und klein würfeln. Paprikaschoten putzen, die Kerne entfernen, in etwa 1/2 cm große Würfel schneiden. Chilischoten längs halbieren, Kerne entfernen, klein hacken.

2. Das Öl in einer tiefen Pfanne erhitzen, Zwiebeln und Chili hell anschwitzen. Suppengrün und Paprikawürfel hinzufügen und alles unter Rühren etwa 5 Minuten dünsten. Die Bohnen abtropfen lassen und mit den Tomaten dazugeben. Zugedeckt 30 Minuten sanft köcheln lassen.

3. Für die Creme Avocados halbieren, entkernen, das Fruchtfleisch in eine Schüssel geben. Die Zwiebel vierteln und durch die Knoblauchpresse darüber pressen, Zitronensaft, Zucker und saure Sahne hinzufügen. Alles mit dem Schneidstab cremig pürieren. Kürbiskerne ohne Fett in einer Pfanne rösten, fein hacken und darunter rühren. Mit Salz und Cayennepfeffer abschmecken. Die Avocadocreme mit Taco-Chips zum Bohnen-Chili essen.

Pro Portion ca. 640 kcal

Fertig in 60 Minuten, davon Zubereitung 30 Minuten

Dazu: Reis

Gefüllte Tomaten

FÜR 2 PERSONEN

60 g Fadennudeln
Salz
4 Fleischtomaten
1 Bund Frühlingszwiebeln
1 EL Butter oder Margarine
2 Knoblauchzehen
frisch gemahlener Pfeffer
100 g gekochter Schinken
150 g Mozzarella
1 Bund Petersilie
30 g frisch geriebener Parmesan-Käse
Basilikumblätter

1. Die Nudeln in Salzwasser 2 Minuten kochen und abgießen. Die Tomaten abspülen, trockentupfen und einen Deckel abschneiden. Das Innere herauslösen, aufheben. Die Tomaten umgedreht auf einen Teller legen und abtropfen lassen. Frühlingszwiebeln putzen, waschen und in Ringe schneiden, auch das knackige Grün verwenden. Den Backofen auf 225 Grad/Umluft 200 Grad/Gas Stufe 4 vorheizen.

2. Die Frühlingszwiebeln in heißem Fett weich dünsten, Knoblauch durch die Presse darüber pressen, mit Salz und Pfeffer würzen. Die Zwiebeln auf dem Boden einer flachen feuerfesten Form verteilen. Den Schinken in feine Streifen schneiden, so dünn wie die Fadennudeln. Die Hälfte vom Mozzarella würfeln. Petersilie abspülen, trockentupfen und hacken.

3. Schinken, Mozzarella, Petersilie, Parmesan-Käse, Pfeffer, Salz und das Tomateninnere unter die Nudeln mischen, abschmecken. Die Tomaten innen mit Salz und Pfeffer ausstreuen und mit der Nudelmasse füllen. Die Tomaten mit dem Deckel darauf in die Form auf das Zwiebelgemüse setzen. Im vorgeheizten Backofen etwa 30 Minuten backen.

4. Inzwischen den restlichen Mozzarella in Streifen schneiden und 5 Minuten vor Garzeitende über die Tomaten legen und mitbacken. Zum Servieren mit Basilikumblättern garnieren.

Pro Portion ca. 680 kcal

Fertig in 50 Minuten, davon Zubereitung 20 Minuten

Dazu: Baguette

TIPP

Feste vollreife Tomaten eignen sich zum Füllen am besten. Sie haben mehr Fruchtfleisch, dafür weniger Kerne und sind nie wässrig. Und weil Nudeln und Tomaten zusammen so gut schmecken, sind die Tomaten hier mit feinsten Fadennudeln sowie Schinken, Kräutern und Käse gefüllt.

Kartoffelauflauf mit Äpfeln und Nüssen

FÜR 2 PERSONEN

500 g Kartoffeln
3 Zwiebeln
20 g Butterschmalz
1 TL getrockneter Majoran
Salz
frisch gemahlener Pfeffer
2 Äpfel (z. B. Elstar)
250 g Brie-Käse (45 % i. Tr.)
Fett für die Form
50 g Walnusskerne
2 EL Crème fraîche

1. Die Kartoffeln schälen und in kleine Würfel schneiden. Zwiebeln abziehen und in Ringe schneiden. Butterschmalz in einer Pfanne erhitzen und die Zwiebeln und Kartoffeln unter gelegentlichem Rühren etwa 10 Minuten dünsten. Mit Majoran, Salz und Pfeffer würzen. Backofen auf 175 Grad/Umluft 150 Grad/Gas Stufe 2 vorheizen.

2. Die Äpfel in Spalten schneiden und die Kerne entfernen. Den Brie in Scheiben schneiden. Eine Gratinform fetten. Zuerst die Kartoffeln bis auf einen kleinen Rest, dann Käse und Apfelspalten einschichten. Mit restlichen Kartoffelwürfeln abdecken, mit Walnüssen bestreuen. Crème fraîche in Flöckchen darauf setzen. Den Auflauf im vorgeheizten Ofen etwa 40 Minuten backen.

Pro Portion ca. 620 kcal

Fertig in 60 Minuten, davon Zubereitung 20 Minuten

Kräuter-Käse-Gemüse

FÜR 2 PERSONEN
4 Möhren
2 kleine Kohlrabi
6 mittelgroße Kartoffeln
(ca. 500 g)
1/8 l Gemüsebrühe (Instant)
1 Bund Schnittlauch
1 1/2 EL Butter
50 g Käse (z. B. Emmentaler)
2 EL Schmand

1. Möhren, Kohlrabi und Kartoffeln schälen, waschen und alles in etwa daumengroße Stücke schneiden.

2. Gemüse und Brühe in einem Topf zugedeckt zum Kochen bringen und in etwa 10 bis 12 Minuten gar kochen.

3. Inzwischen den Schnittlauch abspülen, trockentupfen und in Röllchen schneiden, die Butter zerlassen und leicht bräunen, den Käse reiben.

4. Das Gemüse abgießen, die Gemüsebrühe auffangen. Das Gemüse auf zwei vorgewärmte Teller geben. Sofort die heiße Butter, je 1 EL Schmand, geriebenen Käse und Schnittlauch darüber verteilen. Sofort essen.

Pro Portion ca. 320 kcal   **Fertig in 30 Minuten**

TIPP

Die Gemüsebrühe eignet sich gut für einen würzigen, appetitanregenden Drink vorweg: 1 bis 2 EL Balsamico- oder Obstessig und 1 Spritzer Tabasco einrühren; in zwei Gläser füllen.

Schmorgurken-Tomaten-Topf mit Lamm und Schafkäse

FÜR 4 PERSONEN

800 g Lammfleisch aus
der Keule

1 Gemüsezwiebel

1 kg Schmorgurken

2 Flaschentomaten

4 EL Öl

1/8 l Fleischbrühe (Instant)

1 Bund Dill

2 Knoblauchzehen

Salz

frisch gemahlener Pfeffer

100 g Schafkäse

1. Das Lammfleisch in dünne Streifen schneiden und dabei das Fett entfernen. Die Zwiebel abziehen und würfeln. Die Gurken schälen, längs halbieren und das weiche Innere herauskratzen. Gurke in Stücke schneiden.

2. Die Tomaten mit einem Sparschäler schälen und in Achtel schneiden. Öl in einem Topf erhitzen und Fleisch und Zwiebel unter Rühren darin andünsten. Gurkenstücke und Tomaten dazugeben. Brühe erhitzen und zugießen, den

Topf schließen und alles bei niedriger Temperatur in etwa 50 Minuten sanft gar schmoren.

3. Den Dill abzupfen. Die Knoblauchzehen halbieren und über den Eintopf pressen, mit Salz und Pfeffer abschmecken. Den Schafkäse fein zerbröckeln und getrennt dazu reichen.

Pro Portion ca. 530 kcal

Fertig in 65 Minuten, davon Zubereitung 20 Minuten

Dazu: Baguette

Sizilianisches Gemüse mit Kichererbsen

FÜR 4 PERSONEN
400 g Kartoffeln
je 1 rote und gelbe
Paprikaschote
1 große Gemüsezwiebel
(ca. 300 g)
4 große Fleischtomaten
1 Dose Kichererbsen (800 g
Einwaage; in türkischen
Geschäften)
1 kleiner Zweig Rosmarin
3 EL Olivenöl
Salz
frisch gemahlener Pfeffer
2 Orangen
100 g milder Feta-Käse

1. Kartoffeln schälen und in dünne Scheiben schneiden. Paprikaschoten mit einem Sparschäler schälen, entkernen und in Stücke schneiden. Zwiebel abziehen und würfeln. Tomaten überbrühen, abziehen, in Spalten schneiden. Kichererbsen abgießen. Rosmarinnadeln vom Stiel zupfen und fein hacken.

2. Öl in einem Topf erhitzen; Zwiebel und Rosmarin etwa 5 Minuten sanft andünsten. Das übrige Gemüse und die Kichererbsen dazugeben. Salz und Pfeffer darüber streuen, Orangensaft auspressen und darüber geben. Den Topf gut verschließen. Bei sanfter Hitze etwa 40 Minuten schmoren.

3. Das Gemüse mit Salz und Pfeffer abschmecken und den Feta-Käse mit dem Sparschäler darüber hobeln.

Pro Portion ca. 510 kcal

Fertig in 60 Minuten, davon Zubereitung 20 Minuten

Dazu: Brot

Mangold auf römische Art

FÜR 2 PERSONEN
1 Staude Mangold (ca. 800 g)
2 Knoblauchzehen
3 EL Olivenöl
2 Sardellenfilets (Glas)
1 kleine Dose geschälte
Tomaten (400 g Einwaage)
Salz
frisch gemahlener Pfeffer
20 g Pinienkerne

1. Den Mangold waschen und die Stiele von den Blättern trennen. Von den groben äußeren Stielen die Fäden abziehen. Blätter und Stiele in fingerbreite Streifen schneiden. Knoblauch abziehen und hacken.

2. Olivenöl in einer Pfanne erhitzen und den Knoblauch darin andünsten. Die Sardellenfilets dazugeben und mit einem Holzlöffelrücken zerdrücken. Tomaten abgetropft dazugeben und etwas zerdrücken. Alles offen 15 Minuten köcheln lassen.

3. Die Mangoldstiele dazugeben und 5 Minuten mitschmoren. Dann die Mangoldblätter in die Pfanne geben und 8 Minuten weiterschmoren. Das Gemüse mit Salz und Pfeffer würzen. Pinienkerne ohne Fett in einer kleinen Pfanne rösten. Darüber streuen und servieren.

Pro Portion ca. 300 kcal   **Fertig in 30 Minuten**

Dazu: Brot oder Reis

Schnittlauch-Kartoffeln mit Spiegelei

FÜR 4 PERSONEN

1 kg fest kochende Kartoffeln
150 g Möhren
100 ml Milch
50 ml Gemüsebrühe (Instant)
1 EL Butter
Salz
2 EL Öl
8 Scheiben Bacon (100 g)
8 kleine Eier
Salz
frisch gemahlener Pfeffer
2 Bund Schnittlauch

1. Die Kartoffeln schälen und in etwa fingerdicke Würfel schneiden. Die Möhren schälen und in kleine Würfel schneiden.

2. Die Kartoffeln mit Milch, Brühe, der Butter und etwas Salz in einen Topf geben. Einmal kurz aufkochen lassen, dann bei kleinster Hitze zugedeckt in etwa 15 Minuten gar dünsten. Möhren in den letzten 2 Minuten zu den Kartoffeln geben und mitgaren.

3. Inzwischen in einer Pfanne Öl erhitzen und den Bacon langsam darin knusprig braten. Herausnehmen und auf Küchenpapier abtropfen lassen.

4. Eier im Speckfett braten, leicht salzen und pfeffern. Schnittlauch abspülen, trockentupfen und in Röllchen schneiden. Mit den Kartoffeln durchschwenken und auf vier Teller verteilen. Spiegeleier und Bacon darauf anrichten.

Pro Portion ca. 620 kcal   **Fertig in 30 Minuten**

TIPP

Bacon wird besonders knusprig in der Mikrowelle: Die 6 Scheiben nebeneinander zwischen zwei Lagen Küchenpapier legen (so wird das Fett gleich vom Papier aufgenommen) und bei 600 Watt etwa 4 Minuten ausbacken.

Gefüllte Schmorgurken

FÜR 4 PERSONEN

4 Schmorgurken (à ca. 400 g)
Salz
400 g gemischtes Hackfleisch
Kräutersalz
1 Zwiebel
1 Möhre
1 kleine Stange Porree
3 EL Öl
1 bis 2 Knoblauchzehen
1 große Fleischtomate
1 Bund Dill
frisch gemahlener Pfeffer
1/8 l Gemüsebrühe (Instant)

1. Die Schmorgurken schälen und vom oberen Drittel einen Deckel abschneiden. Die Kerne herauskratzen. Die Gurken in kochendem Salzwasser etwa 4 Minuten blanchieren. Den Backofen auf 225 Grad/Umluft 200 Grad/Gas Stufe 4 vorheizen.

2. Inzwischen das Hackfleisch mit 1/8 l Wasser und Kräutersalz unter Rühren zum Kochen bringen und so lange offen köcheln lassen, bis die Flüssigkeit verdampft ist. Die Zwiebel abziehen und würfeln. Die Möhre schälen und waschen, den Porree putzen und waschen. Beides klein würfeln.

3. Zwiebel, Möhre und Porree in Öl glasig dünsten, Knoblauch darüber pressen; alles zum Hackfleisch geben. Die Tomate mit dem Sparschäler schälen und würfeln, Dill abspülen und fein schneiden. Beides zum Hack geben und alles kräftig mit Salz und Pfeffer abschmecken.

4. Die Gurken in eine ofenfeste Form setzen, füllen und die Deckel auflegen. Gemüsebrühe in die Form gießen. Die Gurken im vorgeheizten Ofen etwa 30 Minuten backen.

Pro Portion ca. 360 kcal

Fertig in 60 Minuten, davon Zubereitung 30 Minuten

Dazu: Baguette

Schinken-Pfann-kuchen mit Spargel

FÜR 2 PERSONEN

50 g Mehl
2 Eier
6 EL Milch
Salz
500 g weißer Spargel
Zucker
4 EL Schlagsahne
1/4 TL Speisestärke
2 TL Butter
2 dünne Scheiben gekochter Schinken (80 g)
frischer Kerbel

1. Für den Pfannkuchenteig Mehl, Eier, Milch und Salz in einer Schüssel verrühren. Den Teig ruhen lassen.

2. Den Spargel schälen und in 1/2 Tasse Wasser, gewürzt mit etwas Salz und 1 Prise Zucker, gut zugedeckt in 15 bis 20 Minuten gar kochen. Den Spargelsud mit in Sahne verrührter Speisestärke binden.

3. Die Pfannkuchen braten: 1 TL Butter in einer Pfanne zerlassen und die Hälfte des Teiges hineingießen. 1 Schinkenscheibe darauf legen und den Pfannkuchen von beiden Seiten goldbraun backen. Auf einen Teller geben und eventuell im Backofen bei 100 Grad/Umluft 80 Grad/Gas Stufe 1 warm stellen. Den 2. Pfannkuchen ebenso backen und auf einen Teller geben. Den Spargel auf den Pfannkuchen anrichten und die Soße darüber geben. Mit Kerbelblättchen garnieren.

Pro Portion ca. 420 kcal   Fertig in 30 Minuten

Gefüllte Kartoffeln mit Bacon

FÜR 4 PERSONEN

4 große Kartoffeln (ca. 800 g)

1 EL Kümmel

1 große Zwiebel

2 EL Öl

250 g frisches Sauerkraut

1 Orange

100 g Käse

(z. B. junger Gouda)

Salz

frisch gemahlener Pfeffer

50 g Bacon

1/8 l Schlagsahne

4 TL saure Sahne

2 EL gehackte Petersilie

1. Kartoffeln mit einer Bürste säubern. Mit dem Kümmel und mit Wasser bedeckt zum Kochen aufsetzen, in etwa 25 Minuten gar kochen. Inzwischen die Zwiebel fein würfeln und in einem Topf in Öl glasig dünsten. Sauerkraut klein schneiden und darunter rühren. Mit frisch gepresstem Orangensaft ablöschen und zugedeckt 15 Minuten sanft dünsten. Den Backofen auf 180 Grad/Umluft 160 Grad/Gas Stufe 2 bis 3 vorheizen.

TIPP

Sauerkraut wird beim Backen nicht weich und muss deshalb vorher mit etwas Flüssigkeit gar geschmort werden. Dazu eignen sich Apfelsaft oder – besonders lecker – frischer Orangensaft.

2. Die Kartoffeln abgießen. Jede Kartoffel längs halbieren und sorgfältig aushöhlen. Den Käse würfeln und 2/3 davon unter das Kraut heben, mit Salz und Pfeffer würzen und in die Kartoffelhälften füllen. Bacon in breite Streifen schneiden und locker über die Kartoffeln legen.

3. Die Kartoffeln in eine ofenfeste Form setzen. Das ausgehöhlte Innere der Kartoffeln mit dem restlichen Käse drumherum verteilen, alles mit Sahne beträufeln, salzen und pfeffern. Die Kartoffeln im vorgeheizten Ofen etwa 30 Minuten backen. Je 1 TL saure Sahne und gehackte Petersilie darüber geben.

Pro Portion ca. 440 kcal

Fertig in 70 Minuten, davon Zubereitung 30 Minuten

5. KAPITEL

Fleisch und Geflügel

UNKOMPLIZIERTE

HAUPTGERICHTE

Schweinefleisch süß-sauer

Schweinefleisch:

700 g Schweinenacken
ohne Knochen
je 1 rote und grüne
Paprikaschote
1 Gemüsezwiebel
1 kleine Dose Ananas
(150 g Einwaage)
1 rote Chilischote
2 EL Speisestärke
1 EL Puderzucker
Salz
1 Ei
etwa 1/2 l Öl zum Ausbacken

süß-saure Soße:

1 EL Puderzucker
3 EL Weinessig
2 EL Tomatenmark
4 EL frisch gepresster
Orangensaft
2 EL Sojasoße

1. Das Fleisch abspülen, trockentupfen und in daumendicke Stücke schneiden, dabei das sichtbare Fett entfernen. Das Gemüse putzen und abspülen. Paprikaschoten in etwa 2 cm große Stücke schneiden, dabei die Kerne entfernen. Die Zwiebel abziehen und in schmale Spalten schneiden. Ananas abtropfen lassen, den Saft auffangen. Von der Chilischote die Kerne entfernen und das Fruchtfleisch in feine Streifen schneiden.

2. Für die süß-saure Soße alle angegebenen Zutaten und den abgetropften Ananassaft verrühren und bereitstellen.

3. 1 EL Speisestärke, Puderzucker, 1/2 TL Salz und das Ei zu einem glatten Teig verrühren. Die restliche Speisestärke auf einen Teller geben und das Fleisch sorgfältig darin wenden. Anschließend das Fleisch in dem angerührten Teig wenden.

4. Öl in einer Pfanne erhitzen und die Fleischstücke schwimmend darin ausbacken. Ist das Fleisch nach etwa 3 1/2 Minuten braun, mit einer Schaumkelle herausnehmen, abtropfen lassen und warm halten. Das Öl bis auf einen kleinen Film abgießen.

5. Gemüse und Ananas in die Pfanne geben. Unter Rühren 2 Minuten braten. Die vorbereitete Soße dazugeben, umrühren und kurz aufkochen lassen. Das Fleisch dazugeben, kurz durchheben und servieren.

Pro Portion ca. 570 kcal   Fertig in 30 Minuten

Dazu: Reis

Steak mit Kräuterhaube und Pfifferlingen

FÜR 2 PERSONEN

1 kleiner Zweig Rosmarin
ca. 5 Salbeiblätter
1/2 Bund glatte Petersilie
30 g Weißbrot
1 TL grober Senf
Salz
frisch gemahlener Pfeffer
2 EL weiche Butter
150 g Pfifferlinge
2 Filetsteaks (à 150 g;
von Rind oder Hirsch)
1 TL Butterschmalz
4 EL Schlagsahne

1. Rosmarinnadeln abzupfen, Salbei-blätter und Petersilie abspü en und trockentupfen. Die Kräuter fein hacken. Weißbrot im Mixer zerkleinern und mit gehackten Kräutern, Senf, Salz, Pfeffer und weicher Butter vermischen. Daraus 2 flache, steak-große Fladen formen, kalt stellen.

2. Pfifferlinge sorgfältig waschen und zwischen Küchenpapier trockentupfen. Filets leicht salzen und pfeffern und in heißem Butterschmalz von jeder Seite etwa 4 Minuten braten; aus der Pfanne nehmen und auf Alufolie legen. Die Steaks mit der Kräutermasse belegen und mit genügend Abstand für etwa 2 Minuten unter den Grill schieben und bräunen.

3. Die Pfifferlinge im verbliebenen Bratfett unter Rühren 1 1/2 Minuten anbraten, leicht salzen und pfeffern und mit Sahne ablöschen. Kräutersteaks und Pfifferlinge anrichten.

Pro Portion ca. 480 kcal   Fertig in 30 Minuten

Dazu: knuspriges Baguette

Hähnchen auf Japanisch

FÜR 4 PERSONEN

4 Hähnchen-
Oberschenkel (à 120 g)
3 EL Sojasoße
2 EL Sherry oder
Orangensaft
2 Frühlingszwiebeln
1/2 TL Cayennepfeffer
1 kleines Eigelb
Buttergemüse:
1 Stange Porree
Salz
1 TL Butter

1. Die Knochen der Hähnchen-schenkel vorsichtig herauslösen. Die Fleischstücke waschen und trockentupfen. Die Haut mehrmals einstechen. Sojasoße und Sherry verrühren und das Fleisch mit der Haut nach unten in die Marinade legen, etwa 20 Minuten einwirken lassen.

2. Für das Gemüse den Porree putzen, waschen und in feine Ringe schneiden. In kochendem Salzwasser etwa 2 Minuten garen. Abgießen und sofort in Eiswasser abkühlen lassen; abgießen.

3. Frühlingszwiebeln putzen, waschen und sehr fein hacken, mit Cayennepfeffer, dem Eigelb und etwas Marinade verrühren. Die abgetropften Fleischstücke nebeneinander in eine flache feuerfeste Form legen. Unter dem Grill – Abstand etwa 15 cm – von jeder Seite 5 Minuten grillen.

4. Das Fleisch auf der Hautseite mit der Würzpaste einpinseln und weitere 2 Minuten grillen. Erneut mit der Würzpaste einpinseln und weitergrillen. Den Vorgang wiederholen, bis die Paste verbraucht ist.

5. Für das Buttergemüse die Butter in einer Pfanne erhitzen und den abgetropften Porree unter Rühren darin erhitzen. Das Fleisch in fingerdicke Scheiben schneiden und mit dem Buttergemüse anrichten.

Pro Portion ca. 680 kcal

Fertig in 45 Minuten, davon Zubereitung 30 Minuten

Dazu: Reis

Lammsteaks mit Olivenbutter

FÜR 2 PERSONEN

Lammsteaks:

2 Lammrückenfilets (à 150 g)

1 Zweig Rosmarin

2 EL Öl

1 Knoblauchzehe

Kräutersalz

200 g Kirschtomaten

2 EL Balsamessig

Olivenbutter:

2 EL Butter

Salz

frisch gemahlener Pfeffer

dünn abgeriebene Schale

von 1/4 Zitrone

10 kleine schwarze

Oliven (entsteint)

1/2 kleine Schalotte

1. Das Fleisch 30 Minuten vor dem Braten aus dem Kühlschrank nehmen, mit Küchenpapier trockentupfen. Etwa 1 TL Rosmarinnadeln vom Zweig zupfen und fein hacken. Mit 1 EL Öl, durchgepresstem Knoblauch und Kräutersalz verrühren. Die Fleischstücke damit bestreichen und abgedeckt marinieren lassen. Den Ofen auf 100 Grad/Umluft 80 Grad/Gas Stufe 1 vorheizen.

2. Für die Olivenbutter weiche Butter mit Salz, Pfeffer und Zitronenschale verrühren. Oliven fein hacken und dazugeben, Schalotte durch die Knoblauchpresse darüber pressen und alles mit einer Gabel vermischen. Im Tiefkühler in etwa 10 Minuten fest werden lassen. Mit einem Kugelausstecher kleine Kugeln formen, dann die Butter bis zum Essen in den Kühlschrank stellen.

3. Das restliche Öl in einer kleinen Pfanne erhitzen und die Lammsteaks rundherum 3 Minuten braten. Aus der Pfanne nehmen und im Backofen warm halten. Kirschtomaten im verbliebenen Fett etwa 1 Minute pfannenbraten, mit Balsamessig ablöschen. Das Fleisch mit der Olivenbutter und den glasierten Tomaten anrichten.

Pro Portion ca. 490 kcal

Fertig in 40 Minuten, davon Zubereitung 30 Minuten

Dazu: Rosmarinkartoffeln

200 g kleine Pellkartoffeln vierteln, zusammen mit frischen Rosmarinnadeln und Pfeffer in Olivenöl goldbraun rösten und mit Kräutersalz würzen.

Scharfes Rumpsteak auf Rauke

FÜR 2 PERSONEN

100 g Rauke
100 g kleine Kirschtomaten
Salz
frisch gemahlener Pfeffer
1 TL Senf
3 EL Zitronensaft
5 EL Olivenöl
2 Rumpsteaks (à ca. 180 g, ca. 4 cm dick)
1 EL Sonnenblumenöl
1/4 TL Tabasco

1. Die Rauke verlesen, die groben Stiele entfernen, Rauke waschen und trockenschleudern. Tomaten abspülen und halbieren. Die Raukeblätter auf zwei Teller verteilen. 1 Prise Salz sowie Pfeffer und Senf mit Zitronensaft und Olivenöl zu einer Emulsion verschlagen.

2. Die Steaks trockentupfen. Sonnenblumenöl und Tabasco mischen, die Steaks damit einstreichen und in einer heißen Grillpfanne von jeder Seite etwa 1 1/2 Minuten kräftig braten. Die Hitze reduzieren und die Steaks in etwa 5 Minuten fertig braten, dann aus der Pfanne nehmen und mit Alufolie abgedeckt 3 Minuten ruhen lassen.

3. Das Fleisch in sehr dünne Scheiben schneiden, auf der Rauke anrichten, leicht salzen und mit der Zitronensoße beträufeln.

Pro Portion ca. 520 kcal   **Fertig in 25 Minuten**

Dazu: Knoblauchbaguette

Bœuf Stroganoff

FÜR 4 PERSONEN

600 g Rinderfilet
200 g kleine
braune Champignons
3 Schalotten
150 g kleine Gewürzgurken
150 g Rote Bete (Glas)
1 1/2 EL Butterschmalz
Salz
frisch gemahlener Pfeffer
1/8 l Rindfleisch-
brühe (Instant)
150 ml Schlagsahne
1 EL scharfer Senf
etwas Dill

1. Das Filet abspülen und trockentupfen. Zuerst in Scheiben, dann in fingerdicke Streifen schneiden. Champignons mit einem Pinsel putzen und vierteln. Die Schalotten abziehen, halbieren und in feine Ringe schneiden. Gewürzgurken und Rote Bete in Streifen schneiden.

2. Die Hälfte von dem Butterschmalz in einer großen, weiten Pfanne erhitzen. Das Filet in dem heißen Fett kurz und kräftig anbraten, dann aus der Pfanne nehmen, leicht salzen, pfeffern und beiseite stellen. Die Champignons im Bratfett unter Schwenken kurz anbraten, zum Fleisch geben. Das restliche Butterschmalz in die Pfanne geben und die Schalotten darin glasig dünsten. Mit der Brühe ablöschen, etwas einkochen.

3. Sahne und Senf einrühren und mit Salz und Pfeffer abschmecken. Champignons und Fleisch zurück in die Pfanne geben, kurz heiß werden lassen. Gurken und Rote Bete dazugeben, kurz durchschwenken. Mit Dillspitzen garniert servieren.

Pro Portion ca. 450 kcal   **Fertig in 30 Minuten**

Dazu: Tagliatelle

Pilze nicht abwaschen — sie saugen schnell Wasser auf und verlieren dann an Aroma. Am besten mit einem trockenen Pinsel abputzen.

Den Fond zuerst offen einkochen, dann die Sahne langsam mit dem Schneebesen einrühren. Zum Schluss kommt alles wieder in die Pfanne.

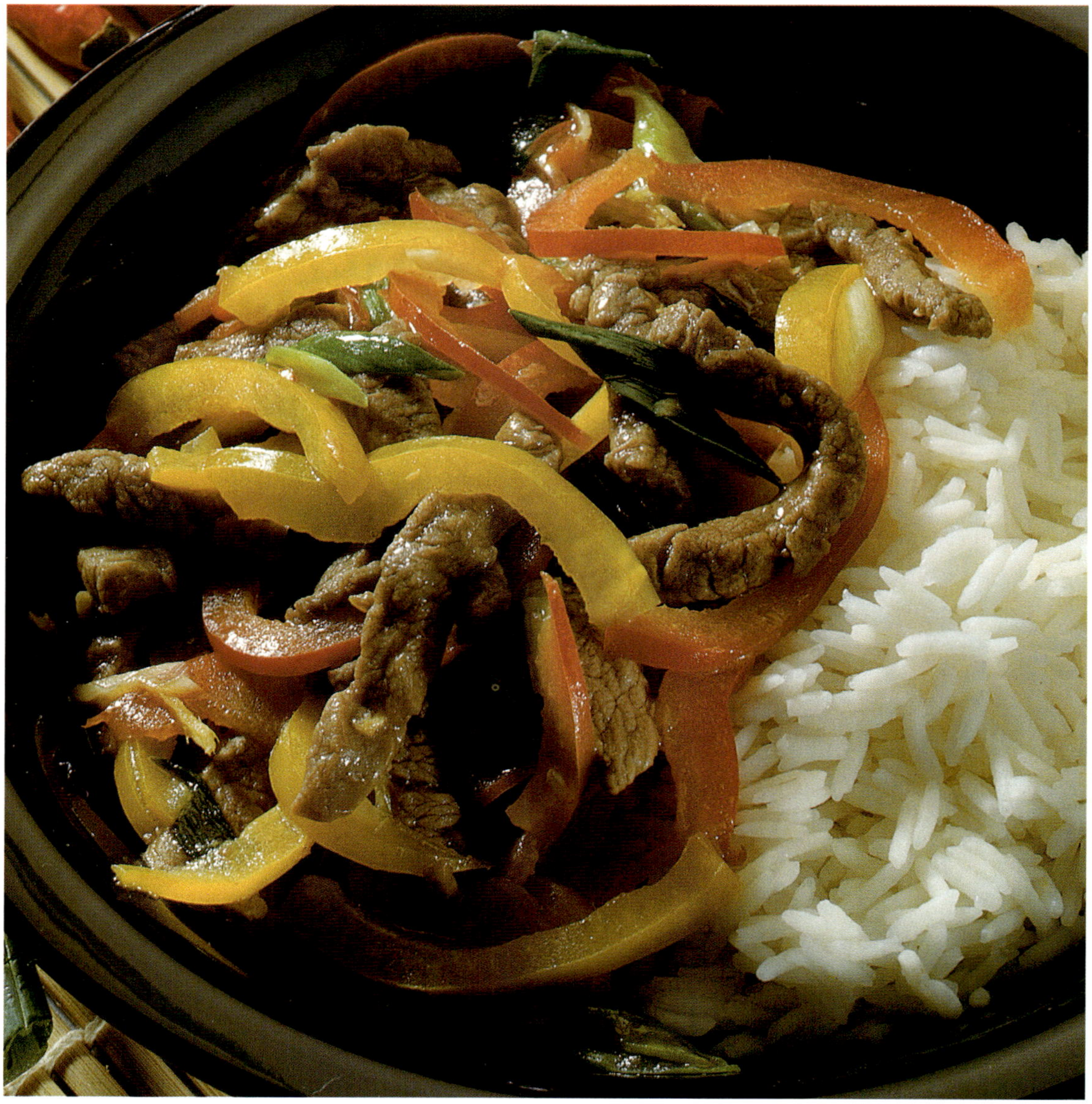

SOJASOSSE gibt es in hell und dunkel. Die helle ist dünnflüssiger, sie ist nur leicht salzig und passt zu fast allen chinesischen Gerichten. Dunkle Sojasoße wurde mit Zuckercouleur gefärbt und hat einen kräftigen süß-salzigen Geschmack; deshalb gehen Sie lieber vorsichtig damit um. Angebrochene Flaschen kühl aufbewahren.

AUSTERNSOSSE schmeckt weniger nach Fisch, als der Name vermuten lässt. Sie wird aus Austernextrakt und verschiedenen Gewürzen hergestellt.

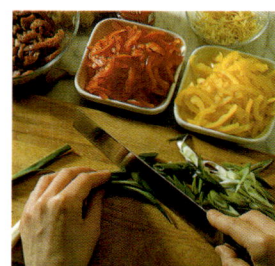

Fleisch und Gemüse sehr fein schneiden. So kommen Sie mit einer kurzen Garzeit aus, und alles kann gleichmäßig garen.

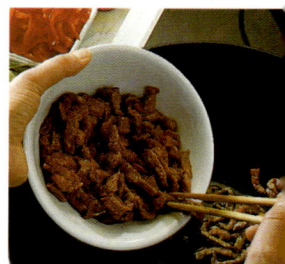

Eine große Pfanne ist ebenso gut geeignet wie ein Wok. Das Fleisch erst hineingeben, wenn das Fett sehr heiß ist. Beim Anbraten ständig rühren.

Pfannengerührtes aus dem Wok

FÜR 4 PERSONEN

- 250 g zartes Filetfleisch (von Rind, Lamm oder Schwein)
- 1 TL Puderzucker
- Salz
- 4 EL helle Sojasoße
- je 1 rote und gelbe Paprikaschote
- 1 Bund Frühlingszwiebeln
- 30 g frische Ingwerwurzel
- 2 Knoblauchzehen
- 6 EL Öl
- 1 TL Chiliöl
- 2 EL Austernsoße
- 1 TL Sesamöl
- 1/2 TL Speisestärke

1. Das Fleisch abspülen, trockentupfen und in sehr feine Streifen schneiden. Puderzucker, 1/2 TL Salz und Sojasoße verrühren und das Fleisch darunter mischen, abgedeckt durchziehen lassen.

2. Paprikaschoten abspülen, rundherum mit einem Sparschäler schälen, halbieren, entkernen und in feine Streifen schneiden. Frühlingszwiebeln putzen, waschen und schräg in lange feine Scheiben schneiden. Ingwer schälen, in feine Streifen schneiden. Knoblauch abziehen und hacken.

3. 4 EL Öl und Chiliöl im Wok stark erhitzen. Zuerst das Fleisch hineingeben und etwa 2 Minuten pfannenrühren, dann herausnehmen. Danach restliches Öl, Ingwer und Knoblauch hineingeben und 1 Minute pfannenbraten. Das Gemüse dazugeben und etwa 3 Minuten unter Rühren braten.

4. Das Fleisch zurück in die Pfanne zum Gemüse geben, dazu Austernsoße und Sesamöl; alles vermischen und erhitzen. Speisestärke mit 4 EL Wasser verquirlen und in die Pfanne rühren. Aufkochen lassen, mit Salz abschmecken und servieren.

Pro Portion ca. 300 kcal **Fertig in 30 Minuten**

Dazu: Basmati-Reis

Rehmedaillons mit Kräuterkruste

FÜR 2 PERSONEN
30 g Weißbrot
2 EL gehackte Kräuter
(Minze und Petersilie)
1 TL grober Senf
Salz
frisch gemahlener Pfeffer
2 EL weiche Butter
150 g Pfifferlinge
4 Rehmedaillons (à 150 g)
etwas Mehl
1 TL Butterschmalz
4 EL Schlagsahne
1 kleine kernlose Orange
Würzkartoffeln:
300 g kleine fest
kochende Kartoffeln
4 EL Öl
1 TL Edelsüß-Paprikapulver
1/4 TL Kräutersalz

1. Weißbrot im Mixer zerkleinern und mit gehackten Kräutern, Senf, Salz, Pfeffer und Butter vermischen. Daraus 4 flache, medaillongroße Fladen formen, kalt stellen. Pfifferlinge putzen und die großen Exemplare halbieren. Fleischstücke leicht salzen, pfeffern und hauchdünn mit Mehl bestäuben.

2. Für die Würzkartoffeln die Kartoffeln schälen und vierteln. Öl, Paprikapulver und Kräutersalz in einen Topf geben und die Kartoffeln darunter mischen. 5 EL Wasser dazugeben und zugedeckt bei mittlerer Hitze in 20 Minuten gar schmoren lassen.

3. Den Grill oder den Backofen auf die höchste Stufe vorheizen. Butterschmalz in einer kleinen Pfanne erhitzen und die Medaillons von jeder Seite etwa 2 Minuten darin braten,

aus der Pfanne nehmen und auf einen Bogen Alufolie legen. Die Rehmedaillons mit den Kräuterfladen belegen und im Ofen etwa 2 Minuten überbacken, bis die Kruste zart gebräunt ist.

4. Inzwischen die Pfifferlinge in der Pfanne im verbliebenen Bratfett unter Rühren anbraten, leicht salzen, pfeffern und mit Sahne ablöschen. Die Orange wie einen Apfel schälen, halbieren und in Scheiben schneiden. Die Rehmedaillons mit Pfifferlingen und Soße auf vorgewärmten Tellern anrichten. Mit den Orangenscheiben und etwas Minze garnieren. Die Würzkartoffeln dazu essen.

Pro Portion ca. 810 kcal

Fertig in 40 Minuten, davon Zubereitung 30 Minuten

Schweinemedaillons mit Eier-Tomaten

FÜR 4 PERSONEN

4 Fleischtomaten
Salz
frisch gemahlener Pfeffer
1/2 Bund Basilikum
50 g milder Feta-Käse
4 Eier
500 g Schweinefilet im Stück
etwas Mehl
1 EL Butterschmalz
Saft von 1 Zitrone
2 EL gehackte Petersilie
4 EL Schlagsahne

1. Den Backofen auf 180 Grad/Umluft 160 Grad/Gas Stufe 2 bis 3 vorheizen. Die Tomaten überbrühen und häuten. Am Stielende einen Deckel abschneiden, Kerne und Trennwände vorsichtig herauslösen. Die Tomaten mit Salz und Pfeffer ausstreuen. Basilikumblätter fein schneiden und in die Tomaten geben, grob zerkrümelten Feta-Käse darauf verteilen.

2. Die Eier einzeln aufschlagen und in die Tomaten gleiten lassen. Die Tomaten in eine ofenfeste Form setzen und im vorgeheizten Ofen etwa 15 bis 20 Minuten backen.

3. Das Schweinefilet abspülen, trockentupfen und in dünne Scheiben schneiden; leicht flach klopfen und salzen, pfeffern und hauchdünn mit Mehl bestäuben. In einer Pfanne in heißem Butterschmalz von jeder Seite 1 Minute braten.

4. Das Filet aus der Pfanne nehmen und abgedeckt warm halten. Zitronensaft und die Hälfte der gehackten Petersilie in die Pfanne geben, Sahne zugießen und alles durchschwenken. Über das Fleisch verteilen. Mit den Eier-Tomaten anrichten und mit der restlichen Petersilie bestreuen.

Pro Portion ca. 410 kcal   **Fertig in 30 Minuten**

Dazu: gebratene Kartoffeln

Scharfe Ingwer-Hähnchenkeulen

FÜR 4 PERSONEN
12 kleine Hähnchen-Unterkeulen
Salz
5 EL Weinessig
1 1/2 EL Zucker
4 EL Sherry oder Orangensaft
1/2 TL Cayennepfeffer
4 EL Sojasoße
50 g frische Ingwerwurzel

1. Die Hähnchenkeulen in kochendes Salzwasser geben und 5 Minuten kochen, abgießen und trockentupfen. Den Backofen auf 200 Grad/Umluft 180 Grad/Gas Stufe 3 vorheizen. Essig, Zucker, Sherry, Cayennepfeffer und Sojasoße in einen Topf geben. Ingwer schälen und fein darüber reiben. Alles verrühren und aufkochen, bis sich der Zucker aufgelöst hat.

2. Die Keulen mit dem Würzsud einpinseln und nebeneinander in eine Backform legen. Im vorgeheizten Ofen 40 Minuten backen, zwischendurch zweimal mit dem Würzsud einpinseln und wenden.

Pro Portion ca. 320 kcal

Fertig in 50 Minuten, davon Zubereitung 15 Minuten

Dazu: frische junge Zwiebeln und Baguette

INGWER

schmeckt am besten als frische Wurzel. Meist braucht man nur ein kleines Stück, der Rest hält sich in Klarsichtfolie gewickelt im Kühlschrank viele Wochen frisch.

Scharfes Hähnchencurry

FÜR 4 PERSONEN

750 g Hähnchenbrustfilet
1 Zwiebel
je 1 EL Mehl und
Speisestärke
2 EL Currypulver
Salz
1 EL Butterschmalz
100 g Cashewkerne
1 Knoblauchzehe
100 ml Weißwein oder
Orangensaft
200 ml Hühnerbrühe (Instant)
1 Glas Mango-
Chutney (225 g)
1 kleine Dose
Kokosmilch (165 ml)
Saft von 1/2 Zitrone
Cayennepfeffer
1 kleine Ananas
2 Kiwis

1. Das Hähnchenfleisch abspülen und trockentupfen. Zwiebel abziehen und würfeln. Mehl, Speisestärke, 1 EL Curry und 1 TL Salz in einer Plastiktüte oder einem Gefrierbeutel mischen. Die Hähnchenfilets in große Stücke schneiden und in den Beutel geben, alles gut durchschütteln – so wird das Fleisch rundherum gleichmäßig mit der Mehlmischung überzogen.

2. Butterschmalz in einer großen tiefen Schmorpfanne (mit Deckel) erhitzen. Zuerst die Cashewkerne unter Rühren rösten und herausnehmen. Dann die Fleischstücke portionsweise rundherum anbraten, herausnehmen. Die Zwiebel im Bratfett andünsten, Knoblauch darüber pressen.

Das restliche Currypulver dazugeben und kurz schwitzen lassen.

3. Mit dem Wein ablöschen und etwas einkochen lassen. Hühnerbrühe zugießen. 2 EL Mango-Chutney einrühren. Die angebratenen Bruststücke wieder zurück in die Pfanne geben. Zugedeckt etwa 20 Minuten bei kleinster Hitze schmoren. Kokosmilch einrühren und 5 Minuten weiterschmoren. Mit Zitronensaft und Cayennepfeffer abschmecken.

4. Die Ananas und Kiwis schälen, in Scheiben schneiden. Das Curry mit Cashewkernen, Ananas, Kiwis und dem restlichen Chutney anrichten.

Pro Portion ca. 600 kcal

Fertig in 50 Minuten, davon Zubereitung 30 Minuten

Dazu: Reis

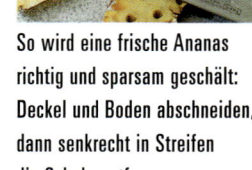

So wird eine frische Ananas richtig und sparsam geschält: Deckel und Boden abschneiden, dann senkrecht in Streifen die Schale entfernen.

Zuletzt die braunen Stellen spindelförmig herausschneiden.

KOKOS-MILCH

ist für viele Curry-Gerichte unverzichtbar. Sie besteht aus geraspeltem Kokosfleisch und Wasser; angeboten wird sie in kleinen (165 ml) und großen Dosen (400 ml). Übrigens: 100 g ungesüßte Kokosmilch haben nur 9 kcal und 0,2 g Fett.

Salbeileber mit Zwiebeln und Polenta

FÜR 2 PERSONEN

300 g Geflügelleber (Hähnchen oder Pute)
4 Zwiebeln
etwa 10 Salbeiblätter
Salz
150 g Polenta (grober Maisgrieß)
frisch gemahlener Pfeffer
etwas Mehl
4 EL Öl
2 EL Balsamessig
6 EL Weißwein oder Orangensaft
1 TL Butter

1. Die Leber putzen und trockentupfen. Zwiebeln in Ringe schneiden. Salbeiblätter abspülen und trockentupfen. 3/4 l Wasser mit 1/2 TL Salz zum Kochen bringen und die Polenta hineinrühren. Kurz aufkochen lassen. Zugedeckt bei ausgeschalteter Herdplatte ausquellen lassen.

2. Inzwischen die Leber mit Salz und Pfeffer würzen und hauchdünn mit Mehl bestäuben. Sofort in einer Pfanne in heißem Öl von jeder Seite etwa 1 1/2 Minuten braten. Herausnehmen und warm halten.

3. Zwiebelringe im Bratfett bräunen, Salbeiblätter dazugeben. Mit Essig und Wein ablöschen. Die Leber darauf legen und alles zugedeckt 5 Minuten schmoren lassen. Die Polenta mit Butter verrühren. Leber und Zwiebeln mit der Polenta anrichten.

Pro Portion ca. 680 kcal   Fertig in 30 Minuten

Linsensalat mit Lyoner Wurst

FÜR 4 PERSONEN

125 g rote Linsen
125 g grüne Linsen (Puy-Linsen)
1 Glas Rinderfond (500 ml)
3 rote Zwiebeln
200 g Möhren
150 g Kirschtomaten
400 g Lyoner Wurst (oder Fleisch- oder Geflügelwurst)
3 EL Pflanzenöl
40 g Pinienkerne
50 g Rosinen
1 EL Zucker
4 EL Weißweinessig
Salz
frisch gemahlener Pfeffer
etwas Kreuzkümmel
1 EL Butterschmalz
1 TL Mehl
etwas glatte Petersilie

1. Die Linsen in ein Sieb geben und mit kaltem Wasser abspülen. Mit dem Rinderfond einmal aufkochen lassen, vom Herd nehmen und im geschlossenen Topf etwa 30 Minuten ausquellen lassen.

2. Die roten Zwiebeln abziehen und würfeln, die Möhren schälen und in Stifte schneiden. Tomaten waschen und halbieren. Die Wurst in fingerdicke Scheiben schneiden.

3. Öl in einer Pfanne erhitzen und die Pinienkerne mit Rosinen, Zwiebeln und Möhren 2 Minuten darin andünsten. Zucker darüber streuen und kurz unter Rühren schmelzen lassen. Mit Essig ablöschen. Abgetropfte Linsen und Tomaten dazugeben und durchschwenken. 5 Minuten durchziehen lassen. Mit Salz, Pfeffer und Kreuzkümmel abschmecken.

4. Butterschmalz in einer Pfanne erhitzen. Die Wurstscheiben leicht mit Mehl bestäuben und im heißen Butterschmalz braten. Wurstscheiben und den warmen Linsensalat auf Tellern anrichten und mit Petersilienblättern garnieren.

Pro Portion ca. 780 kcal

Fertig in 50 Minuten, davon Zubereitung 30 Minuten

LINSEN

gibt es in mehreren Farben: gelb, rosa, grün und braun. Bei den rosa und gelben Linsen ist die Garzeit weniger als halb so lang wie bei den braunen. Allerdings verlieren sie beim Garen ihre schöne Farbe. Man bekommt die bunten Linsen in Reformhäusern, in Asienläden und in den Lebensmittelabteilungen der großen Kaufhäuser.

Curry-Hähnchen-Reis

1 große Zwiebel (ca. 100 g)
300 g Hähnchenbrustfilet
1 EL Butterschmalz
100 g Basmati-Reis
1 EL Currypulver
50 ml Weißwein oder
Orangensaft
1/4 l Geflügelbrühe
1/2 Glas Mango-
Chutney (250 g)
2 EL Zitronensaft
Salz
frisch gemahlener Pfeffer
frische Minze
50 g Cashewkerne
(geröstet und gesalzen)

1. Die Zwiebel abziehen und in feine Würfel schneiden. Das Hähnchenbrustfleisch abspülen, trockentupfen und in fingerdicke Streifen, dann in Würfel schneiden.

2. Butterschmalz in einer Pfanne (mit Deckel) erhitzen. Die Fleischwürfel hineingeben und das Fleisch etwa 2 Minuten rundherum kräftig anbraten. Dann die Hitze reduzieren und das Fleisch an den Pfannenrand schieben. Zwiebelwürfel und Reis in die Pfanne geben und 1 Minute anrösten.

3. Currypulver über den Pfanneninhalt stäuben und etwa 1 Minute sanft anschwitzen. Den Wein zugießen und verdampfen lassen. Dann die Geflügelbrühe dazugießen und alles unter Rühren einmal aufkochen lassen.

4. Die Hitze auf kleinste Stufe reduzieren. Den Reis 15 bis 20 Minuten zugedeckt ausquellen lassen, zwischendurch einmal umrühren. Mango-Chutney und Zitronensaft verrühren und 1 EL davon unter den Reis rühren, mit Salz und Pfeffer abschmecken, Minzeblätter mit einer Schere darüber schneiden. Mit den Cashewkernen bestreuen. Das restliche Chutney extra dazu reichen.

Pro Portion ca. 700 kcal

Fertig in 45 Minuten, davon Zubereitung 25 Minuten

Das Hähnchenfleisch wird zuerst quer zur Faserrichtung in fingerdicke Streifen geschnitten und dann gewürfelt.

Curry muss in der Pfanne kurz angeschwitzt werden, damit sein Aroma sich entfaltet. Vorsicht – nicht anbrennen lassen, sonst schmeckt es bitter.

98

Lammlachse mit Kräuter-Nuss-Kruste

FÜR 4 PERSONEN

1 Bund Petersilie

1 Zweig Rosmarin

1 Knoblauchzehe

1 kleines Stück Zitronenschale

50 g Walnusskerne

3 EL Walnussöl

Salz

frisch gemahlener Pfeffer

1 Bund Frühlingszwiebeln

2 gelbe Paprikaschoten

600 g Lammlachse
(Lammfilet)

4 EL Öl

4 EL süß-scharfe Chilisoße

Saft von 1 Orange

1. Petersilie waschen und trockentupfen. Rosmarinnadeln abzupfen (etwa 1 EL). Knoblauchzehe abziehen. Alles zusammen mit der Zitronenschale und den Walnusskernen auf einem Brett fein hacken. Mit Walnussöl, Salz und Pfeffer vermischen. Frühlingszwiebeln putzen, waschen und schräg in Streifen schneiden. Paprikaschoten mit einem Sparschäler schälen, entkernen und das Fruchtfleisch in dünne Streifen schneiden.

2. Den Backofen auf 200 Grad/ Umluft 180 Grad/Gas Stufe 3 vorheizen. Lammlachse trockentupfen und rundherum in 2 EL Öl etwa 2 Minuten anbraten. Nebeneinander in eine ofenfeste Form legen und mit der Nuss-Kräuter-Mischung bestreichen. Im Backofen 10 Minuten nachgaren.

3. Inzwischen das restliche Öl in die Pfanne geben. Zwiebel- und Paprikastreifen unter Rühren in 2 bis 3 Minuten bissfest garen. Chilisoße und Orangensaft dazugeben, aufkochen und mit Salz und Pfeffer abschmecken. Das Fleisch schräg in Scheiben schneiden und mit dem Gemüse anrichten.

Pro Portion ca. 430 kcal   **Fertig in 30 Minuten**

Dazu: Basmati-Reis

LAMMLACHS ist der Fachausdruck für den ausgelösten Rücken vom Lamm. Man nennt ihn so, weil das Fleisch sehr zart ist.

Schweinefilet mit Weinpflaumen

FÜR 2 PERSONEN

50 g Kurpflaumen ohne Stein
75 ml Weißwein
300 g Schweinefilet im Stück
frisch gemahlener Pfeffer
etwas Mehl
1 EL Butterschmalz
50 ml Schlagsahne
1 TL Dijonsenf
Salz

1. Die Pflaumen im Weißwein aufkochen, vom Herd nehmen und zugedeckt 30 Minuten quellen lassen. Das Filet abspülen, trockentupfen, mit Pfeffer würzen und hauchdünn mit Mehl bestäuben.

2. Butterschmalz in einer Pfanne erhitzen und das Filet rundherum etwa 10 Minuten darin anbraten. Das Fleisch aus der Pfanne nehmen und im Backofen bei 100 Grad/Umluft 80 Grad/Gas Stufe 1 10 Minuten warm halten und nachgaren lassen. Das Fett aus der Pfanne abgießen und den Wein vom Pflaumenkochen hineingießen. Offen um die Hälfte einkochen. Dann Sahne und Senf einrühren und sämig einkochen. Mit Salz abschmecken.

3. Die Pflaumen hinzufügen und kurz in der Soße durchschmoren. Das Filet in Scheiben schneiden und mit Soße und Pflaumen anrichten.

Pro Portion ca. 370 kcal

Fertig in 45 Minuten, davon Zubereitung 20 Minuten

Dazu:

Wildreismischung mit roten Linsen
100 g Wildreismischung mit
1 1/2 Tassen Gemüsebrühe aufkochen, dann auf kleinster Hitze zugedeckt 10 Minuten gar ziehen. 2 EL rote Linsen abspülen, darunter heben und 10 Minuten zugedeckt weitergaren.

Himmel und Erde

FÜR 4 PERSONEN

1 kg Kartoffeln
Salz
1 kg säuerliche Äpfel
(z. B. Boskop)
Saft von 2 Zitronen
2 EL Zucker
1 Bund Petersilie
3 Zwiebeln
1 EL Butterschmalz
1/4 l Milch
12 dicke Scheiben
Blutwurst (à 20 g)
etwas Mehl
50 g Butter
frisch gemahlener Pfeffer

Abwandlung

Gebratene Geflügelleber von Gans, Pute oder Hähnchen schmecken zu diesem Gericht genauso gut. Wer's weniger fett mag, kann beim Kartoffelmus die Butter weglassen.

1. Die Kartoffeln schälen, waschen, in Stücke schneiden und in wenig kochendem Salzwasser zugedeckt in etwa 15 Minuten garen. Inzwischen die Äpfel schälen, vierteln, entkernen und in grobe Stücke schneiden. Mit Zitronensaft und Zucker in einen Topf geben, durchschwenken und zugedeckt bei mittlerer Hitze in etwa 10 Minuten weich dünsten.

2. Die Petersilie abbrausen, trockenschütteln und hacken. Die Zwiebeln abziehen, in Ringe schneiden und in Butterschmalz goldbraun braten, dann aus der Pfanne nehmen und beiseite stellen. Milch erhitzen. Die Blutwurstscheiben in Mehl wenden und im verbliebenen Zwiebelfett kurz und kräftig anbraten.

3. Die Kartoffeln abgießen und die heiße Milch zugießen. Mit einem Kartoffelstampfer zu einem groben Brei stampfen, die Butter unterrühren, mit Salz und Pfeffer abschmecken.

4. Die Apfelstücke vorsichtig unter das Kartoffelmus heben und alles auf Teller geben. Die Zwiebeln und die Wurstscheiben darauf anrichten. Petersilie darüber streuen.

Pro Portion ca. 790 kcal

Fertig in 50 Minuten, davon Zubereitung 30 Minuten

Lammkoteletts mit Würzkartoffeln

FÜR 4 PERSONEN

750 g fest kochende
Kartoffeln
5 EL Olivenöl
1 1/2 EL Fenchelsamen
1 bis 2 TL Sambal oelek
1 EL Tomatenmark
Salz
2 Knoblauchzehen
12 Lammkoteletts
frisch gemahlener Pfeffer
400 g Trinkmilchjoghurt

1. Die Kartoffeln schälen, waschen und in Scheiben schneiden. In einer Pfanne (mit Deckel) Öl, Fenchel, Sambal oelek, Tomatenmark und 1 TL Salz verrühren. Knoblauch halbieren und darüber pressen, dann alles verrühren und langsam erhitzen.

2. Die Kartoffelscheiben dazugeben und unterheben, 5 EL Wasser darüber geben. Alles bei kleiner bis mittlerer Hitze zugedeckt 15 bis 20 Minuten gar dünsten; zwischendurch hin und wieder durchschwenken, damit die Kartoffeln mit dem Würzsud überzogen werden.

3. Inzwischen die Grillpfanne erhitzen. Die Lammkoteletts trockentupfen, pfeffern und in der Grillpfanne von jeder Seite etwa 3 Minuten braun braten, dabei leicht salzen. Koteletts und Kartoffeln anrichten, mit Minze garnieren. Den Joghurt cremig rühren und dazugeben.

Pro Portion ca. 490 kcal   **Fertig in 30 Minuten**

TIPP

Wer keine Grillpfanne hat oder fettarm essen möchte, kann die Lammkoteletts in einer beschichteten Pfanne oder unter dem Backofengrill ganz ohne Fett garen. Die Garzeit bleibt gleich.

Lammrücken mit Senf-Kräuter-Kruste

FÜR 4 PERSONEN
2 EL Rosmarinnadeln
10 frische Salbeiblätter
1/2 Bund glatte Petersilie
1 TL Thymianblättchen
1 Stück dünn abgeschälte
Zitronenschale
2 kleine Knoblauchzehen
frisch gemahlener Pfeffer
200 g kleine neue Kartoffeln
200 g Süßkartoffeln
4 EL Zitronensaft
4 EL Olivenöl
2 Lammkarrees
(à etwa 400 g)
2 TL scharfer Senf

1. Für die Kruste Rosmarinnadeln, Salbeiblätter, Petersilie, Thymian, Zitronenschale und Knoblauch zusammen auf einem Brett fein hacken. Mit Pfeffer mischen. Den Backofen auf die größte Schaltstufe vorheizen.

2. Beide Kartoffelsorten schälen und in sehr feine Scheibchen schneiden oder hobeln. Mit Zitronensaft und Öl vermischen und auf den Boden einer Bratenkasserolle verteilen.

TIPP
In Kaufhäusern gibt es Lammkarree auch tiefgekühlt aus Neuseeland. Dieses Fleisch sollte im Kühlschrank langsam innerhalb von 24 Stunden auftauen.

3. Das Lammfleisch abspülen, trockentupfen und dünn mit Senf bestreichen. Die Kräutermischung darüber streuen und etwas andrücken. Das Fleisch auf die Kartoffeln in die Form setzen und in den vorgeheizten Backofen schieben.

4. Nach 15 Minuten die Hitze reduzieren: Den Backofen auf 180 Grad/Umluft 160 Grad/Gas Stufe 2 bis 3 zurückschalten und das Fleisch 35 Minuten weiterbraten. Lammrücken 5 Minuten abgedeckt ruhen lassen, dann zwischen den Knochen in Scheiben schneiden.

Pro Portion ca. 360 kcal

Fertig in 65 Minuten, davon Zubereitung 30 Minuten

Rinderfilet mit Frühlingszwiebeln

FÜR 2 PERSONEN

300 g Rinderfilet
2 EL Sojasoße
2 EL Sherry oder Orangensaft
1/2 TL Puderzucker
1 Bund Frühlingszwiebeln
2 EL Öl

Abwandlung

Für dieses Rezept eignen
sich auch Lamm- oder
Schweinefilet und Geflügel-
fleisch wie z. B. Hähnchen-
oder Putenbrustfilet.

1. Das Fleisch abspülen, trockentupfen und in fingerdicke Würfel
schneiden. Sojasoße, Sherry und
Puderzucker verrühren, unter das
Fleisch mischen. 10 Minuter marinieren. Frühlingszwiebeln putzen,
waschen und schräg in dünne Scheiben schneiden.

2. Öl in einer Pfanne erhitzen, das
Fleisch abgetropft 2 bis 3 Minuten
kräftig anbraten. Zwiebeln dazugeben, unter Rühren 1 Minute mitbraten. Mit der Marinade ablöschen,
etwa 1 Minute einkochen und anrichten.

Pro Portion ca. 280 kcal   Fertig in 25 Minuten

Dazu: Basmati-Reis

Gekräuterte Hähnchenbrust mit Ofenkürbis

FÜR 4 PERSONEN

1 kg Kürbis (z. B. Muskatkürbis
oder Hokkaido)
500 g kleine Flaschentomaten
6 EL Öl
1 TL Cayennepfeffer
Salz
2 Zitronen
1 EL Zucker

Hähnchenbrust:

4 Hähnchenbrustfilets (à ca. 150 g)
Salz
frisch gemahlener Pfeffer
etwas Mehl zum Bestäuben
20 g Butterschmalz
1 kleiner Zweig Rosmarin
etwas glatte Petersilie

1. Den Backofen auf 200 Grad/Um-
luft 180 Grad/Gas Stufe 3 vorheizen.
Kürbis in Spalten schneiden und die
Kerne herausschälen. Die Tomaten
halbieren. Öl, Cayennepfeffer, 1/2 TL
Salz und den ausgepressten Saft
von 1 Zitrone verquirlen. Die zweite
Zitrone in dicke Scheiben schneiden,
die Kerne entfernen.

2. Den Kürbis sowie die Schnittflächen der Zitronenscheiben und
Tomatenhälften mit dem Würzöl
einpinseln, dann nebeneinander auf
ein Backblech legen, mit Zucker bestreuen. Im vorgeheizten Ofen etwa
30 Minuten backen, zwischendurch
zweimal einpinseln.

3. Die Hähnchenbrustfilets abspülen, trockentupfen, leicht salzen und
pfeffern, mit Mehl bestäuben.
In einer Pfanne in heißem Butterschmalz von jeder Seite 3 Minuten
braten. Rosmarinnadeln von den
Stängeln abstreifen. Petersilie abspülen, trockentupfen und beides
fein hacken. Das Hähnchenfleisch
in den gehackten Kräutern wenden.

4. 8 Minuten vor Garzeitende das
Fleisch neben das Gemüse auf das
Backblech in den Ofen geben. Hähnchenbrust mit Kürbisspalten, Tomaten und Zitronenstücken anrichten.

Pro Portion ca. 510 kcal

Fertig in 60 Minuten, davon Zubereitung 30 Minuten

Gebratene Entenbrust mit Frühlingszwiebeln und Süßkartoffelpüree

Entenbrust:

2 Bund Frühlingszwiebeln
3 Entenbrüste (à ca. 250 g)
2 EL Sojasoße
1 EL Chiliöl
2 EL Balsamessig
150 ml Geflügelbrühe (Instant)
1/2 TL Speisestärke

Süßkartoffelpüree:

600 g Süßkartoffeln
50 g frische Ingwerwurzel
Salz
frisch gemahlener Pfeffer
1 EL Butter

1. Frühlingszwiebeln waschen, abtropfen lassen und in Stücke schneiden. Die Entenbrüste abspülen, trockentupfen und die Haut kreuzförmig einschneiden (nur die Haut). Die Haut mit Sojasoße einpinseln.

2. Chiliöl in eine Pfanne (so groß, dass die Entenbrüste nebeneinander Platz haben) geben und erhitzen. Die Entenbrüste mit der Haut nach unten nebeneinander hineinlegen und etwa 10 Minuten bei mittlerer Hitze braten. Die Entenstücke wenden und die andere Seite etwa 10 Minuten braten.

3. Inzwischen für das Püree die Süßkartoffeln schälen, in grobe Stücke schneiden und mit 1/8 l Wasser zugedeckt in etwa 12 bis 15 Minuten gar kochen. Anschließend abgießen, Ingwer schälen, darüber reiben, mit Salz und Pfeffer würzen und stampfen. Die Butter mit einem Rührlöffel darunter arbeiten. Ein feuchtes Tuch zwischen Topf und Deckel legen und das Püree warm stellen.

4. Die Entenbrüste unter Alufolie warm halten. Das Entenfett bis auf eine kleine Menge aus der Pfanne gießen und die Frühlingszwiebeln unter Schwenken 1 bis 2 Minuten in diesem Rest braten; dann herausnehmen. Den Bratensatz mit Balsamessig ablöschen. Die Brühe zugießen und ein paar Minuten offen einkochen.

5. Speisestärke mit 1 EL Wasser glatt rühren und in den Fond rühren, abschmecken. Das Fleisch in Stücke schneiden und mit Püree, Zwiebeln und Soße anrichten.

Pro Portion ca. 460 kcal

Fertig in 50 Minuten, davon Zubereitung 30 Minuten

Dazu: fertig gekauftes Chutney

Das Chiliöl erhitzen und die Entenbrüste mit der Fettseite nach unten hineinlegen. Das Fett langsam ausbraten lassen, dann wenden.

Curry-Hähnchen

FÜR 2 PERSONEN

250 g Hähnchenbrustfilet
1 große Zwiebel (ca. 100 g)
1 TL Butterschmalz
frisch gemahlener Pfeffer
etwas Mehl
1 TL Currypulver
1/2 Glas ungesüßter
Apfelsaft
1/2 Tasse Geflügel-
brühe (Instant)
50 ml Schlagsahne
1/2 TL Speisestärke
1 roter Apfel
frische Minze

1. Das Hähnchenbrustfilet abspülen und trockentupfen. Quer zur Faser in fingerdicke Streifen schneiden. Die Zwiebel abziehen und würfeln.

2. Butterschmalz in einer Pfanne erhitzen. Die Filetstreifen mit Pfeffer würzen, mit Mehl hauchdünn bestäuben und in die Pfanne geben. Unter Wenden kurz und kräftig anbraten; aus der Pfanne nehmen. Die Zwiebelwürfel in die Pfanne geben und unter Rühren glasig dünsten.

3. Currypulver darüber stäuben, kurz anschwitzen lassen und den Apfelsaft und die Brühe zugießen. Einmal aufkochen lassen und die Sahne einrühren. Speisestärke mit 2 EL Wasser

anrühren und in den Soßenfond rühren, einmal aufkochen lassen. Das Fleisch zurück in die Pfanne geben und offen etwa 1 Minute darin ziehen lassen.

4. Den Apfel mit der Schale in kleine Würfel schneiden und zum Schluss über das Fleisch streuen. Mit Minzeblättchen garnieren.

Pro Portion ca. 440 kcal   **Fertig in 30 Minuten**

Dazu: Petersilien-Reis
150 g Reis kochen und anschließend in etwas heißer Butter und gehackter Petersilie schwenken.

105

Gegrillte Hähnchenbrust mit Kräutern

FÜR 2 PERSONEN

250 g kleine Kartoffeln
20 g Butterschmalz
2 Hähnchenbrustfilets (300 g)
1 Bund glatte Petersilie
1 Knoblauchzehe
1/2 Zitrone
Cayennepfeffer
etwas Kräutersalz
1 EL Butter
Salz
frisch gemahlener Pfeffer
etwas Basilikum

1. Kartoffeln kochen, pellen und längs vierteln. In einer Pfanne in heißem Butterschmalz langsam braun braten.

2. Die Hähnchenbrustfilets abspülen, trockentupfen und mit einem scharfen Messer in sehr dünne Scheiben schneiden.

3. Die Petersilie abspülen, trockentupfen, fein hacken und mit durchgepresstem Knoblauch, geriebener Zitronenschale, 1 Prise Cayennepfeffer und Kräutersalz mischen.

4. Die Schnitzel in einer heißen Grillpfanne von jeder Seite 1/2 Minute braten. Mit der Kräutermischung bestreichen und mit Butterflöckchen belegen. Die gebratenen Kartoffeln leicht salzen und pfeffern. Alles mit Zitronenstücken und Basilikum anrichten.

Pro Portion ca. 450 kcal

Fertig in 40 Minuten, davon Zubereitung 30 Minuten

Dazu: gemischter Salat

Kalbsschnitzel mit Schinken und Salbei

FÜR 2 PERSONEN

4 sehr dünn geschnittene
Kalbsschnitzel (à ca. 120 g)
4 Scheiben Parmaschinken
frisch gemahlener Pfeffer
12 frische Salbeiblätter
20 g Butter
100 ml trockener Wermut
oder Orangensaft
1 TL Fleischextrakt
Salz

außerdem:
Holzspießchen

Abwandlung
Statt Kalbsfilet eignet sich auch Hähnchen- oder Putenbrustfleisch. Das Fleisch sehr dünn schneiden, damit es in der kurzen Bratzeit auch gar wird. Wenn Sie keinen luftgetrockneten Parmaschinken bekommen, können Sie hauchdünne Scheiben Schinkenspeck nehmen.

1. Die Fleisch- und Schinkenscheiben in je 3 Stücke zerteilen. Fleischstückchen leicht pfeffern. Je 1 Fleischscheibe mit 1 Schinkenstück und 1 Salbeiblatt belegen und mit Holzspießchen feststecken.

2. Butter in einer Pfanne erhitzen. Die Fleischstücke beidseitig etwa 1 1/2 Minuten anbraten. Aus der Pfanne nehmen und im Ofen auf kleinster Stufe warm halten: So kann das Fleisch schonend auf den Punkt nachgaren.

3. Den Bratensatz mit Wermut ablöschen und aufkochen. Fleischextrakt dazugeben und verrühren. Die Soße mit Salz und Pfeffer abschmecken.

4. Die Teller mit dem Fleisch aus dem Ofen nehmen und den Soßenfond darüber verteilen. Wichtig: Das angebratene Fleisch nicht wieder in die Pfanne zur Soße geben, denn dann bekommen Fleisch und Schinken eine graue Färbung.

Pro Portion ca. 425 kcal   Fertig in 20 Minuten

Dazu: Ciabatta oder Baguette

Die Fleischstücke etwas flach streichen und die Schinkenscheiben so schneiden, dass sie das Fleisch gerade eben bedecken. Je 1 Salbeiblatt mit einem Holzspieß darauf feststecken.

Die Garzeit ist sehr kurz – je Seite nur 1 Minute. So bleibt das Fleisch schön zart. Die schon gebratenen Stücke aus der Pfanne nehmen und im Backofen warm halten.

Rouladen mit Bandnudeln

FÜR 2 PERSONEN

2 Schweinefilets (à 200 g)
frisch gemahlener Pfeffer
2 TL Senf
etwa 8 Salbeiblätter
4 Scheiben Parma-
schinken (60 g)
1 1/2 EL Butterschmalz
Salz
150 g breite Bandnudeln
2 Frühlingszwiebeln
2 Flaschentomaten
1 TL Tomatenmark
2 EL Balsamessig
50 ml Gemüse-
brühe (Instant)

1. Die Filetstücke zweimal der Länge nach so einschneiden, dass man sie auseinander klappen und flach streichen kann. Mit Pfeffer bestreuen und hauchdünn mit Senf bestreichen. Mit Salbeiblättern und je 1 Schinkenscheibe belegen und aufrollen. Anschließend mit je 1 Schinkenscheibe umwickeln.

2. Butterschmalz in einer Pfanne (mit Deckel) erhitzen und die restlichen Salbeiblätter kurz braten; dann herausnehmen. Salzwasser für die Nudeln zum Kochen aufsetzen. Die Filetrouladen etwa 5 Minuten rundherum anbraten. Dann in der geschlossenen Pfanne bei kleinster

TIPP

Fett zum Fleischbraten muss hoch erhitzt werden, damit sich die Poren sofort schließen. Butterschmalz und Öl vertragen Temperaturen bis 180 Grad und verbrennen dabei nicht.

Hitze 10 Minuten nachgaren lassen. Anschließend herausnehmen und warm stellen.

3. Inzwischen die Nudeln nach Packungsanweisung bissfest kochen. Frühlingszwiebeln putzen, waschen und in Ringe schneiden, Tomaten mit dem Sparschäler schälen und klein schneiden. Tomatenmark im verbliebenen Bratfett kurz anschwitzen, Zwiebeln und Tomatenstücke hinzufügen und 5 Minuten sanft dünsten. Mit Balsamessig ablöschen, Brühe zugießen. Sämig kochen und mit Salz und Pfeffer würzen.

4. Die Nudeln abgießen und zu dem Tomatensugo in die Pfanne geben. Durchschwenken und 1 Minute erhitzen. Die Rouladen in Scheiben aufschneiden und mit den Nudeln auf Tellern anrichten. Mit Salbeiblättern garnieren.

Pro Portion ca. 700 kcal

Fertig in 40 Minuten, davon Zubereitung 30 Minuten

Gemischte Grillspieße

FÜR 4 PERSONEN (JE 8 SPIESSE)

Kartoffel-Bacon-Spieße

400 g kleine neue Kartoffeln (à 20 g)
100 g Bacon
frisch gemahlener Pfeffer
1 Bund Salbei
außerdem: Grill-Holzspieße

1. Die Kartoffeln mit der Schale bürsten, kochen und abkühlen lassen. Baconscheiben längs halbieren, mit Pfeffer bestreuen und mit je 1 Salbeiblatt belegen.

2. Je 1 halbe Scheibe um die Kartoffeln wickeln, je 3 umwickelte Kartoffeln aufspießen und 5 bis 10 Minuten sanft grillen.

Hackspieße

300 g Lamm- oder Rinderhack
1 Zitrone
1/2 Zwiebel
etwas gemahlener Zimt,
Kümmel und Piment
Salz
frisch gemahlener Pfeffer
16 Lorbeerblätter

1. Das Hackfleisch in eine Schüssel geben. Etwas Zitronenschale darüber reiben und die Zwiebel durch die Knoblauchpresse darüber pressen. Mit Zimt, Kümmel und Piment sowie Salz und Pfeffer würzen.

2. Kleine daumendicke Würstchen formen und abwechselnd mit 1 Schnitz Zitrone und 1 Lorbeerblatt aufspießen. Etwa 8 Minuten rundherum grillen.

TIPP

Grillspieße sind am besten für ein Essen im Freien geeignet. Die drei Sorten Spieße reichen für 4 Personen und sind gut vorzubereiten.

Hähnchenspieße

400 g Hähnchenfilet
4 EL helle Sojasoße
4 EL Öl
1 EL Puderzucker
1 Knoblauchzehe
1 TL fein gehackter Ingwer
1 rote Paprikaschote

1. Das Hähnchenfleisch abspülen und trockentupfen. Anschließend in 1 cm dicke Streifen schneiden. Sojasoße, Öl, Puderzucker, durchgepresste Knoblauchzehe und Ingwer verrühren. Das Fleisch etwa 30 Minuten darin marinieren.

2. Die Paprikaschote mit einem Sparschäler schälen, die Kerne entfernen, Paprika in Stücke schneiden. Hähnchenstreifen abgetropft jeweils mit 1 Stückchen Paprikaschote aufspießen. Etwa 8 bis 10 Minuten grillen.

Pro Portion insgesamt ca. 540 kcal

Zubereitung etwa 45 Minuten

Dazu: Baguettescheiben mit Kräuterbutter bestreichen und kurz grillen. Halbierte Tomaten mit Knoblauch und Öl würzen und in Alufolie als Päckchen mitgrillen.

Schnitzel mit Trauben und Chips

FÜR 2 PERSONEN

2 dünn geschnittene
Schweineschnitzel (à 150 g)
1 EL Haselnussöl
1 EL Grappa oder
Zitronensaft
200 g blaue und
grüne Weintrauben
4 Kartoffeln (ca. 250 g)
etwa 1/2 l Pflanzenöl
zum Ausbacken
Salz
frisch gemahlener Pfeffer
1 EL Butterschmalz
1 TL feiner Zucker
etwas Schale (Zesten)
und Saft von 1/2 Zitrone
5 EL Weißwein oder
Traubensaft
50 ml Schlagsahne

1. Die Schnitzel mit Küchenpapier trockentupfen. Haselnussöl und Grappa verrühren, das Fleisch damit bestreichen und bis zum Braten abgedeckt marinieren lassen. Die Trauben waschen, trockentupfen. Kartoffeln schälen, waschen und in dünne Scheiben schneiden, mit Küchenpapier trockentupfen. Pflanzenöl in einem schmalen hohen Topf erhitzen und die Kartoffelscheiben goldbraun ausbacken. Abgetropft leicht salzen und pfeffern.

2. Butterschmalz in einer Pfanne erhitzen. Die Schnitzel leicht pfeffern und von jeder Seite etwa 1 Minute darin anbraten. Im Ofen bei 100 Grad/ Umluft 80 Grad/Gas Stufe 1 warm halten und nachgaren lassen.

3. Die Weintrauben im Bratfett kurz andünsten, leicht mit Zucker bestreuen, schwenken, bis sie glänzen, und mit Zitronensaft und Wein ablöschen. Die Sahne einschwenken, mit Salz abschmecken. Die Schnitzel leicht salzen und mit Zitronenzesten, Trauben, Soße und Kartoffelchips anrichten.

Pro Portion ca. 550 kcal   Fertig in 30 Minuten

TIPP

Schnitzel immer erst salzen, wenn sie fertig gebraten sind. So kann sich beim Braten eine Fleischkruste bilden, und es tritt weniger Saft aus. Für Steaks gilt dasselbe.

Gegrillte Hähnchenflügel

FÜR 2 PERSONEN

1 kg Hähnchenflügel
(ca. 10 Stück)
4 kleine Zucchini (200 g)
Salz
frisch gemahlener Pfeffer
2 EL Öl
1 große Tomate
1 EL Weinessig
2 EL Olivenöl
Basilikumblätter

Würzmarinade:

1 EL flüssiger Honig
1 EL scharfer Senf
1 EL Sojasoße
2 Knoblauchzehen
2 EL Orangensaft

1. Die Hähnchenflügel abspülen, trockentupfen und eventuell im Gelenk halbieren. Für die Würzmarinade Honig, Senf, Sojasoße, durchgepresste Knoblauchzehen und Orangensaft verrühren. Die Flügel in eine Schüssel legen und mit der Marinade begießen.

2. Die Zucchini waschen und längs halbieren. Den Backofengrill vorheizen. Die marinierten Flügel leicht salzen und pfeffern und nebeneinander auf einen mit Alufolie belegten Rost legen. Mit genügend Abstand (ca. 15 cm) unter den Grill schieben und in etwa 15 Minuten braun grillen, dabei immer wieder mit der Marinade bestreichen und wenden. Die Zucchini mit Öl einpinseln, daneben legen und 10 Minuten mitgrillen.

3. Inzwischen die Tomate mit einem Sparschäler schälen, fein würfeln und mit Essig, Öl, Salz und Pfeffer mischen. Über die noch warmen Zucchini verteilen. Hähnchenflügel und Zucchini anrichten. Mit Basilikumblättern garnieren.

Pro Portion ca. 720 kcal

Fertig in 40 Minuten, davon Zubereitung 30 Minuten

Dazu: ein scharfes Chutney

TIPP

Das Garen geht schneller, wenn Sie das zu garende Teil auf die glänzende Seite der Alufolie legen – sie reflektiert die Hitze viel stärker als die stumpfe Seite der Folie.

Putenrouladen mit Ingwertrauben

FÜR 4 PERSONEN

4 dünn geschnittene
Scheiben Putenbrust
(à ca. 150 g)
1 EL Senf
frisch gemahlener Pfeffer
1 dünne Stange Porree
3 TL Butterschmalz
30 g gehackte Haselnüsse
Kräutersalz
4 Scheiben Bacon
Cayennepfeffer
etwas Mehl
500 g große grüne
Weintrauben
30 g frische Ingwerwurzel
je 1/8 l Geflügelbrühe und
Weißwein oder Orangensaft
100 ml Schlagsahne
Salz
1 EL Butter
1 EL Zucker
2 EL Weißweinessig

1. Die Putenbrustscheiben nebeneinander auf ein Brett legen und mit Senf bestreichen, leicht pfeffern. Porree putzen, waschen und in feine Streifen schneiden. 1 TL Butterschmalz in einer Pfanne erhitzen und die gehackten Haselnüsse 1 Minute darin anrösten; den Porree dazugeben und unter Rühren weich dünsten.

2. Die Porree-Nuss-Mischung mit Kräutersalz würzen und auf die Putenscheiben verteilen, glatt streichen und aufrollen. Je 1 Scheibe Bacon um die Rollen wickeln. Die Rollen rundherum mit Cayennepfeffer und Mehl bestäuben. In der Pfanne im restlichen heißen Butterschmalz bei mittlerer Hitze langsam braun braten. Inzwischen die Trauben waschen, abzupfen, trockentupfen, halbieren und entkernen. Den Ingwer schälen und in feine Streifen schneiden.

3. Brühe und Wein zu den Rouladen in die Pfanne gießen. Zugedeckt 20 Minuten schmoren. Dann die Schlagsahne einrühren und die Soße mit Salz und Pfeffer abschmecken.

4. Für die Trauben Butter und Zucker in einer zweiten Pfanne daneben anrösten, den Ingwer dazugeben, mit Weinessig ablöschen und die Trauben darin 3 Minuten glasieren; zu den Rouladen servieren.

Pro Portion ca. 570 kcal

Fertig in 60 Minuten, davon Zubereitung 30 Minuten

Dazu: Brokkoli und Salzkartoffeln

111

6. KAPITEL

Fisch und Meeresfrüchte

GEKOCHT, GEBRATEN

ODER GEGRILLT

Fisch im Knusperteig

FÜR 4 PERSONEN

Mangosoße:
1 reife weiche Mango
1 TL Sambal oelek
1 Knoblauchzehe
2 EL Weinessig
Saft von 1 Orange
Salz

Fisch:
1/4 Kopf Eisbergsalat
800 g Kabeljaufilet
Salz
frisch gemahlener Pfeffer

Teig:
80 g Speisestärke
1 TL Backpulver (5 g)
2 Eiweiß
etwa 1/2 l Öl zum Ausbacken
10 g Glasnudeln
4 Stängel Petersilie

1. Für die Soße die Mango schälen und das Fruchtfleisch um den Stein abschneiden. Mit Sambal oelek, abgezogenem Knoblauch, Essig und Orangensaft im Mixer pürieren, mit Salz abschmecken.

2. Den Eisbergsalat kalt abspülen. Den Fisch abspülen, trockentupfen, leicht salzen und pfeffern und in etwa 40 g große Stücke schneiden.

TIPP

Beim Frittieren muss das Fett sehr heiß sein. Jedes Mal, wenn kalter Fisch hineinkommt, kühlt es wieder ab. Deshalb immer nur 3 Stücke Fisch auf einmal ausbacken. Die fertigen Fischstücke bei 100 Grad/Umluft 80 Grad/Gas Stufe 1 im Backofen warm halten.

3. Für den Teig Speisestärke und Backpulver in einer Schüssel mischen, etwa 6 EL kaltes Wasser einrühren. Eiweiße halb steif schlagen und unterheben.

4. Öl in einem schmalen, hohen Topf auf etwa 180 Grad erhitzen. Die Fischstücke einzeln durch den Teig ziehen und in das heiße Fett geben. In etwa 3 Minuten knusprig braun ausbacken. Anschließend sofort die Glasnudeln und die Petersilie im heißen Fett sekundenschnell knusprig backen. Beides abtropfen lassen. Die Fischstücke mit Glasnudeln auf dem Salat anrichten. Die Mangosoße dazu reichen.

Pro Portion ca. 290 kcal   Fertig in 30 Minuten

Flusskrebse

FÜR 4 PERSONEN

2,5 kg Flusskrebse
Salz
2 EL Kümmel
150 g Butter
1/2 Zitrone
1 Bund glatte Petersilie
frischer Dill

1. Die Flusskrebse mit kaltem Wasser abspülen. In einem großen Topf reichlich gesalzenes Wasser mit dem Kümmel zum Kochen bringen. Die Krebse in das sprudelnde Wasser geben und 5 Minuten zugedeckt sieden lassen.

2. Inzwischen die Butter schmelzen lassen. Den Saft der Zitronenhälfte auspressen. Die Petersilie kalt abbrausen, trockenschütteln und fein hacken. Beides zur Butter geben und mit dem Schneidstab aufmixen; mit Salz abschmecken.

3. Die Krebse mit einer Schaumkelle aus dem Sud heben und in einer vorgewärmten Terrine anrichten. Mit frischem Dill garnieren. Die Petersilien-Zitronen-Butter-Soße dazu reichen.

Pro Portion ca. 370 kcal   Fertig in 30 Minuten

Dazu: aufgebackenes Brot

Muscheln im Weinsud

FÜR 2 PERSONEN

1,5 kg Miesmuscheln
4 Zwiebeln
1 Möhre
1 EL Butter
2 Lorbeerblätter
1/4 TL Cayennepfeffer
1/8 l trockener Weißwein

1. Die Muscheln waschen, Bärte (wenn noch vorhanden) abzupfen, beschädigte und bereits offene Muscheln wegwerfen.

2. Zwiebeln in Ringe, Möhre in kleine Würfel schneiden. Beides in einem großen Topf in Butter weich dünsten. Lorbeerblätter dazugeben und Cayennepfeffer darüber stäuben, mit Weißwein ablöschen. Zugedeckt etwa 3 Minuten köcheln lassen.

3. Die Muscheln hineinlegen und zugedeckt bei starker Hitze so lange kochen, bis sich die Schalen geöffnet haben – das dauert etwa 5 Minuten –, dabei den geschlossenen Topf mehrmals rütteln, damit die Muscheln mit dem Sud in Berührung kommen. Die Muscheln mit einer Schaumkelle aus dem Sud heben. Etwas Sud über die Muscheln gießen, den Rest extra dazu reichen.

Pro Portion ca. 250 kcal   Fertig in 20 Minuten

Dazu: Schwarzbrot und Butter

Wenn sich die Schalen öffnen, brauchen die Muscheln etwa doppelt so viel Platz, deshalb ist der große Topf wichtig. Beim Kochen muss er die ganze Zeit geschlossen bleiben, denn die Muscheln öffnen sich durch den heißen Dampf.

TIPP

Den Muschelsud nicht salzen, denn die Muscheln enthalten genügend Meerwasser. Nach dem Kochen alle Muscheln wegwerfen, die sich nicht geöffnet haben.

Griechische Fischsuppe

FÜR 4 PERSONEN

2 Zwiebeln

3 EL Öl

1 Bund glatte Petersilie

etwa 500 g Fischkarkassen
(Gräten, Köpfe und Schwänze)

2 bis 3 EL Weinessig

Salz

1 TL Pfefferkörner

3 Knoblauchzehen

1 Briefchen Safranfäden

500 g Fischfilet (z. B. Lengfisch oder Steinbeißer)

2 Eigelb

Saft von 1/2 Zitrone

1/2 Baguette (150 g)

6 EL Olivenöl

einige Basilikumblätter

1/2 TL gemahlener Zimt

1. Zwiebeln in Ringe schneiden und in einem Topf in Öl andünsten. Petersilie abspülen, trockentupfen und hacken. Fischkarkassen abspülen, klein schneiden und zu den Zwiebeln geben. 1 l Wasser dazugießen, Essig, Petersilie, 1 TL Salz, Pfefferkörner, 1 Knoblauchzehe und Safran in den Topf geben. Zum Kochen bringen und dann etwa 20 Minuten sanft kochen lassen.

2. Alles durchsieben und die Brühe wieder zurück in den Topf gießen. Den Fisch abspülen, in Stücke schneiden und in die siedende Brühe geben. Etwa 5 bis 8 Minuten ziehen lassen, bis er gar ist. Inzwischen Eigelbe und

Zitronensaft verquirlen und etwas heiße Brühe darunter rühren.

3. Das Baguette in Scheiben schneiden. Die restlichen Knoblauchzehen halbieren und das Brot damit abreiben. Olivenöl in einer Pfanne erhitzen und das Brot darin knusprig braun rösten.

4. Den Fisch aus der Brühe heben und auf vorgewärmte Suppenteller verteilen. Die Zitronen-Ei-Mischung in die Suppe schlagen und abschmecken. Über den Fisch füllen. Mit Basilikumstreifen und Zimt anrichten.

Pro Portion ca. 480 kcal

Fertig in 45 Minuten, davon Zubereitung 30 Minuten

Säubern, säuern, salzen – das galt früher für jeden frischen Fisch. Heute weiß man es besser: Das Säuern mit Zitronensaft oder Essig zum Festigen des Fleisches ist nicht notwendig bei Fischen, die ohnehin festes Fleisch haben, wie z. B. Lachs, Seeteufel, Seezunge, Lengfisch, Steinbeißer oder Zander. Außerdem könnte die Säure den zarten Eigengeschmack des Fisches überdecken. Salzen sollte man Fisch erst unmittelbar vor der Zubereitung, denn Salz entzieht dem Fischfleisch Wasser und macht es trocken. Hinzu kommt, dass zu früh gesalzener Fisch beim Braten unangenehm spritzt.

Fischfilet auf Frühlingsgemüse

FÜR 2 PERSONEN
100 g Bärlauch
(oder Sauerampfer)
250 g Spinat
Salz
1 Bund Frühlingszwiebeln
1/2 rote Paprikaschote
600 g Fischfilet (z. B. Steinbeißer oder Lengfisch)
frisch gemahlener Pfeffer
1 TL Mehl
1/2 TL Edelsüß-Paprikapulver
2 EL Butterschmalz
4 EL Schlagsahne
Kräutersalz

1. Bärlauchblätter in lauwarmem Wasser waschen und trockenschleudern. Spinat putzen, waschen und gut abtropfen lassen. Spinat in kochendem Salzwasser blanchieren und sofort in Eiswasser abkühlen lassen. Bärlauchblätter in grobe Streifen schneiden.

2. Frühlingszwiebeln putzen, waschen und in Ringe schneiden – auch das knackige dunkle Grün. Paprikaschote mit einem Sparschäler schälen, entkernen und in sehr kleine Würfel schneiden.

3. Fischfilet abspülen, trockentupfen und mit Salz und Pfeffer würzen. Mehl und Paprikapulver mischen und den Fisch darin wenden, überschüssiges Mehl abklopfen.

4. In einer beschichteten Pfanne 1 EL Butterschmalz erhitzen und den Fisch von jeder Seite etwa 1 Minute kräftig braten. Aus der Pfanne nehmen und im Backofen bei 100 Grad/ Umluft 80 Grad/Gas Stufe 1 warm halten und nachgaren lassen. Inzwischen den blanchierten Spinat gut ausdrücken und in Streifen schneiden.

5. Das restliche Butterschmalz in der Pfanne erhitzen und das vorbereitete Gemüse (bis auf Paprika) unter Rühren etwa 2 Minuten dünsten. Sahne dazugeben und einmal aufkochen lassen, mit Kräutersalz und Pfeffer würzen. Den Fisch auf dem Gemüse anrichten, mit den Paprikawürfeln bestreuen.

Pro Portion ca. 260 kcal

Fertig in 40 Minuten, davon Zubereitung 30 Minuten

Dazu: Butterreis

Forellenfilets mit Porreesoße

FÜR 4 PERSONEN
4 Forellen (vom Händler
filetieren lassen)
1 zarte Porreestange
2 Schalotten
1/4 l Fischfond (Glas)
Saft von 1/2 Zitrone
Salz
1 1/2 EL Butter
frisch gemahlener Pfeffer
4 EL Schlagsahne
1/2 Bund Basilikum

Abwandlung
Für dieses Fischgericht
eignet sich auch Filet von
Saibling, Felchen,
Zander oder Barsch.

1. Die Fischfilets abspülen und trockentupfen. Den Porree putzen, waschen und in feine Streifen schneiden. Schalotten abziehen und würfeln, mit Fischfond, Zitronensaft und etwas Salz in einen Topf mit Dämpfeinsatz geben.

2. Den Siebeinsatz des Topfes mit 1 TL Butter ausstreichen und die Fischstücke mit der Haut nach unten nebeneinander hineinlegen.

TIPP

Der Topf mit Dämpfeinsatz ist ideal für dieses Rezept, weil der Fisch schonend im Wasserbad garen soll. Sie können aber auch eine tiefe Schmorpfanne nehmen und einen passenden Draht-untersatz auf den Boden stellen.

Leicht mit Salz und Pfeffer bestreuen. Den Siebeinsatz in den Topf stellen. Die Flüssigkeit aufkochen lassen und den Topf schließen. Den Fisch etwa 4 bis 5 Minuten im Dampf garen.

3. Inzwischen den Porree in einem Topf in der restlichen Butter weich dünsten. Den Fisch herausheben und warm stellen. Den Sud durch ein Sieb geben und offen um die Hälfte ein-kochen. Eingekochten Fond, Sahne und Basilikumblätter zum Porree geben. Alles mit dem Schneidstab sämig pürieren. Die Soße mit dem gedämpften Fisch anrichten.

Pro Portion ca. 250 kcal   **Fertig in 30 Minuten**

Dazu: in Butter geschwenkte Kartoffeln

Chili-Fisch

FÜR 2 PERSONEN

1 kleine Zwiebel
1 Knoblauchzehe
1 kleine rote Chilischote
20 g frische Ingwerwurzel
2 mittelgroße Möhren (ca. 150 g)
2 kleine feste Zucchini (ca. 200 g)
400 g Steinbeißerfilet
2 bis 3 EL Sojasoße
Saft von 1 Orange
1/2 TL Speisestärke
3 EL Öl

1. Zwiebel und Knoblauch abziehen und fein hacken. Chilischote entkernen, Ingwer schälen, beides fein hacken. Möhren schälen und waschen, Zucchini abspülen. Möhren in feine Streifen und Zucchini in 1 cm dicke Würfel schneiden. Den Fisch in etwa 3 cm große Würfel schneiden. Sojasoße und Orangensaft bereitstellen, Speisestärke in 2 EL Wasser anrühren.

2. Öl in einer Pfanne stark erhitzen und alle klein gehackten und gewürfelten Zutaten bis auf den Fisch hineingeben und unter ständigem Rühren etwa 2 Minuten braten. Dann den Fisch dazugeben und etwa 2 Minuten weiterbraten. Sojasoße und Orangensaft dazugeben, aufkochen und die angerührte Speisestärke einrühren. Vorsichtig rühren, bis die Soße leicht bindet.

Pro Portion ca. 360 kcal   Fertig in 30 Minuten

Dazu: Basmati-Reis

Zanderfilet mit Tomaten und Nüssen

FÜR 2 PERSONEN

400 g Zanderfilet
Cayennepfeffer
Salz
1/2 TL Mehl
1 EL Butterschmalz
1 EL Butter
100 g kleine Kirschtomaten
30 g Walnusskerne
1 Glas Kapern
(30 g Einwaage)
Saft von 1 Orange

1. Zanderfilet abspülen, trockentupfen und in 6 gleich große Stücke schneiden. Die Stücke mit etwas Cayennepfeffer und Salz würzen und in Mehl wenden. Überschüssiges Mehl abklopfen. Butterschmalz in einer beschichteten Pfanne erhitzen und die Fischstücke rundherum etwa 3 Minuten braten. Herausnehmen und im Backofen bei kleinster Hitze warm halten.

2. Das Bratfett abgießen. Die Butter in die Pfanne geben, erhitzen und die Tomaten hineingeben. Unter Schwenken kräftig braten. Walnusskerne und Kapern dazugeben und 1 Minute mitbraten. Mit Orangensaft ablöschen. Fischstücke auf vorgewärmte Teller legen, den Pfanneninhalt darum verteilen.

Pro Portion ca. 520 kcal   Fertig in 20 Minuten

Dazu: warmes Kräuterbaguette

Das Fischfilet sollte ganz mit einer dünnen Mehlschicht bedeckt sein, damit sich die Poren schließen. So bleibt der Fisch saftig und bekommt eine leichte Kruste.

KAPERN

sind eingelegte Blütenknospen — je kleiner, desto feiner und teurer. Am besten, man gibt sie immer im Ganzen und erst zum Schluss an warme Gerichte und lässt sie nur kurz mitziehen, sonst verlieren sie ihre Würze.

Fisch nach Art der Provence

FÜR 4 PERSONEN
800 g Seelachsfilet
2 Knoblauchzehen
1 kleiner Zweig Rosmarin
Salz
1 Gemüsezwiebel (ca. 300 g)
2 Zucchini (à ca. 150 g)
2 Fleischtomaten
4 EL Olivenöl
frisch gemahlener Pfeffer
100 g schwarze Oliven
Saft von 2 kleinen Orangen
4 Zitronenscheiben

1. Den Fisch abspülen, trocken-tupfen und in etwa 50 g schwere Stücke schneiden. Knoblauch ab-ziehen. Rosmarinnadeln vom Zweig zupfen und zusammen mit Knob-lauch und 1/2 TL Salz auf einem Brett fein hacken. Die Fischstücke darin wenden, abgedeckt kühl stellen.

2. Die Zwiebel abziehen und in grobe Stücke schneiden. Zucchini in fingerdicke Würfel schneiden. Toma-ten mit einem Sparschäler schälen und in Würfel schneiden.

3. Olivenöl in einer tiefen Pfanne (mit Deckel) erhitzen. Zwiebel und Zucchini darin anbraten, bis alles leicht Farbe annimmt. Dann die Tomatenstücke hinzufügen, leicht salzen und pfeffern und die Fisch-stücke darauf setzen, Oliven drum-herum verteilen. Orangensaft zu-gießen, die Pfanne zudecken und den Fisch etwa 8 bis 10 Minuten bei kleiner Hitze garen. Mit Zitronen-scheiben garnieren.

Pro Portion ca. 410 kcal

Fertig in 40 Minuten, davon Zubereitung 30 Minuten

Dazu: Baguette

TIPP

Knoblauchgeruch: Knoblauch riecht und schmeckt milder, wenn Sie die Zehen zusammen mit etwas Salz auf dem Brett hacken. Anschließend Hände und Arbeitsfläche mit einer Zitronenhälfte abreiben.

Steinbeißer auf Gemüsebett

FÜR 4 PERSONEN

200 g Möhren

2 Stangen Porree (ca. 200 g)

1 großer roter Apfel
(z. B. Elstar)

2 EL Zitronensaft

800 g Steinbeißerfilet

Salz

Cayennepfeffer

1 EL Mehl

4 EL Öl

1 EL Butter

50 ml frisch gepresster
Orangensaft

1/2 Bund Schnittlauch

1 EL Dijonsenf

200 g saure Sahne

3 Spritzer Tabasco

1. Möhren schälen und in kleine Würfel schneiden, Porree putzen, waschen und ebenfalls fein würfeln. Den Apfel waschen, nicht schälen; entkernen und würfeln, mit Zitronensaft beträufeln.

2. Den Fisch abspülen, trockentupfen und in etwa 12 gleich große Stücke schneiden. Mit Salz und Cayennepfeffer würzen, mit Mehl bestäuben. Das Öl in einer beschichteten Pfanne erhitzen und den Fisch von beiden Seiten in etwa 3 Minuten braun braten.

3. Daneben in einer Kasserolle die Butter erhitzen. Zuerst die Möhren etwa 2 Minuten darin dünsten, dann den Porree hinzufügen; durchschwenken, Orangensaft dazugeben und 2 Minuten zugedeckt weiterdünsten. Schnittlauch in Röllchen schneiden.

4. Senf und Sahne unter das Gemüse rühren und sanft erhitzen. Mit Tabasco und Salz abschmecken.

5. Die Apfelwürfel unter das Gemüse mischen und auf Teller verteilen; den Fisch aus der Pfanne nehmen und auf das Gemüse setzen. Mit Schnittlauchröllchen bestreuen.

Pro Portion ca. 450 kcal   Fertig in 30 Minuten

Steinbeißer mit roten Linsen

FÜR 2 PERSONEN
400 g Steinbeißerfilet
Cayennepfeffer
Salz
etwas Mehl
1 EL Butterschmalz
1 Schalotte
100 g rote Linsen
1/8 l Gemüsebrühe (Instant)
1/8 l Weißwein oder
Orangensaft
100 ml Schlagsahne
frisch gemahlener Pfeffer
30 g Senfsprossen

1. Das Fischfilet leicht mit Cayennepfeffer und Salz würzen, hauchdünn mit Mehl bestäuben. In einer Pfanne in heißem Butterschmalz von jeder Seite etwa 2 Minuten braten und im Ofen bei 100 Grad/Umluft 80 Grad/Gas Stufe 1 nachgaren lassen.

2. Die Schalotte abziehen, hacken und mit den roten Linsen im verbliebenen Bratfett anschwitzen. Gemüsebrühe und Weißwein dazugeben, alles 15 Minuten sanft köcheln lassen. Sahne einrühren, leicht salzen und pfeffern.

3. Die Senfsprossen abspülen und mit dem Fisch und den Linsen anrichten.

Pro Portion ca. 650 kcal   Fertig in 30 Minuten

TIPP
Rote Linsen nicht länger als 15 Minuten garen, sonst zerfallen sie und bekommen eine blassgelbe Farbe. Übrigens: Sie schmecken auch lauwarm angemacht im Salat und sind sehr edel in einer Suppe.

Lengfisch auf Zitronen-Möhren-Gemüse

FÜR 4 PERSONEN
800 g Lengfisch
4 Scheiben Parmaschinken
500 g junge Möhren
3 EL Öl
8 Knoblauchzehen
Saft von 1 Zitrone
Salz
frisch gemahlener Pfeffer
1 EL Butterschmalz
Cayennepfeffer
Mehl
frische Minzeblättchen

1. Den Fisch abspülen, trockentupfen und in 4 Portionsstücke schneiden. Um jedes Fischstück 1 Scheibe Parmaschinken wickeln. Die Möhren schälen und in Scheiben schneiden.

2. Das Öl in einem flachen weiten Topf erhitzen. Die Möhren hineingeben. Ungeschälte Knoblauchzehen mit einem großen, schweren Messer leicht quetschen und dazugeben. Etwa 3 Minuten sanft dünsten. Mit Zitronensaft ablöschen, leicht salzen und pfeffern, dann zugedeckt bei kleinster Hitze in 15 Minuten gar schmoren.

3. In einer Pfanne daneben Butterschmalz erhitzen, den Fisch mit Cayennepfeffer und Mehl bestäuben und rundherum kurz und kräftig anbraten. Bei 100 Grad/Umluft 80 Grad/Gas Stufe 1 im Backofen etwa 5 Minuten warm halten und auf den Punkt nachgaren. Fisch und Möhren anrichten, mit Minzeblättchen garnieren.

Pro Portion ca. 340 kcal   Fertig in 30 Minuten

Grillfisch in Folie

FÜR 2 PERSONEN

800 g Fischfilet (z. B. Kabeljau
oder Rotbarsch)
je 1 rote und
gelbe Paprikaschote
100 g Sojabohnensprossen
Salz

Marinade:

5 EL Sonnenblumenöl
1 EL Sesamöl
3 EL Sojasoße
20 g frische Ingwerwurzel
Salz
frisch gemahlener Pfeffer
etwas frische Minze
Saft von 1 Zitrone

1. Den Fisch abspülen, trocker tupfen
und in 2 Portionsstücke schneiden.
Extra starke Alufolie in 2 große
Quadrate schneiden und die Folie
mit der glänzenden Seite nach
oben hinlegen. Die Paprikaschoten
mit einem Sparschäler schälen, die
Kerne entfernen und in hauchfeine
Streifen schneiden. Die Sprossen in
leicht gesalzenem Wasser etwa
1 Minute blanchieren und sofort
kalt abspülen.

2. Für die Marinade beide Öle und
Sojasoße in einer Schüssel verrühren.
Ingwer schälen, fein hacken und
dazugeben. Das Gemüse darunter
mischen. Grill vorheizen.

3. Den Fisch in die Mitte der Alu-
folienstücke legen, leicht salzen und
pfeffern, das Gemüse darüber verteilen. Die Päckchen locker verschließen, so dass keine Flüssigkeit
herauslaufen kann, und auf dem
vorgeheizten Grill mit genügend
Abstand von der Glut etwa 15 Minuten garen. Minze in Streifen schneiden und über den Fisch streuen,
Zitronensaft darüber träufeln.

Pro Päckchen ca. 340 kcal

Fertig in 40 Minuten, davon Zubereitung 20 Minuten

Dazu: Baguette

Lachskoteletts auf Sauerampfersauce

FÜR 4 PERSONEN

Lachskoteletts:

4 Lachskoteletts (à 200 g;
vom Händler die Gräten
auslösen lassen)
Fett für die Form
2 EL Zitronensaft
2 EL Olivenöl
Salz
frisch gemahlener Pfeffer
250 g kernlose Weintrauben
1 TL Butter
1/2 TL Zucker

Soße:

100 g Butter
50 g Sauerampferblätter
4 Eigelb
2 EL Weißweinessig
1 EL Dijonsenf
Salz
frisch gemahlener Pfeffer

1. Den Backofen auf 225 Grad/Umluft 200 Grad/Gas Stufe 4 vorheizen. Die Lachskoteletts abspülen, trockentupfen und nebeneinander in eine gefettete ofenfeste Form legen. Zitronensaft, 2 EL Wasser, Olivenöl, etwas Salz und Pfeffer verquirlen und über den Lachs träufeln. Mit einem Bogen Pergamentpapier locker abdecken und im vorgeheizten Ofen etwa 10 Minuten backen.

2. Inzwischen für die Soße die Butter schmelzen. Die Sauerampferblätter waschen, die Stiele entfernen, dann die Blätter grob zerschneiden. Eigelbe mit Weißweinessig, Senf, Salz und Pfeffer in einem Topf bei kleinster Hitze so lange unter ständigem Schlagen erhitzen, bis eine dickliche Soße entstanden ist. Den Garsud vom Fisch aus der Form dazugeben und unterschlagen. Die flüssige Butter in dünnem Strahl unterrühren. Den Sauerampfer dazugeben und mit dem Schneidstab darunter mixen.

3. Die Weintrauben abspülen, vom Stängel zupfen und trockentupfen. Die Butter in einer kleinen Pfanne erhitzen, Weintrauben und Zucker hineingeben und 1 Minute schwenken. Zum Servieren den Lachs auf vorgewärmte Teller setzen und etwas Soße und die Trauben dazugeben.

Pro Portion ca. 760 kcal   Fertig in 30 Minuten

Dazu: Wildreismischung

Zanderfilet mit Selleriepüree

FÜR 4 PERSONEN

Zanderfilet:

4 Stücke Zanderfilet
(à ca. 200 g)
frisch gemahlener Pfeffer
4 Scheiben Bacon
1/4 TL Edelsüß-Paprikapulver
1 TL Mehl
1 EL Butterschmalz
1 Zitrone

Püree:

500 g Kartoffeln
500 g Sellerieknolle
Salz
100 ml Schlagsahne
frisch gemahlener Pfeffer
1 Bund Schnittlauch

1. Die Fischstücke abspülen, trocken-tupfen und leicht pfeffern. Jedes Fischstück mit 1 Baconscheibe um-wickeln.

2. Für das Püree Kartoffeln und Sel-lerie schälen und in fingerdicke Würfel schneiden. Beides in kochen-des, leicht gesalzenes Wasser geben und zugedeckt in etwa 10 Minuten gar kochen.

3. In der Zwischenzeit die Fischstücke in einem Gemisch aus Paprikapulver und Mehl wenden und überflüssiges

Mehl abklopfen. Die Stücke in einer Pfanne in heißem Butterschmalz kurz und kräftig von beiden Seiten braten. Dann im Backofen bei 100 Grad/Umluft 80 Grad/Gas Stufe 1 5 Minuten nachgaren lassen.

4. Das Gemüse abgießen. Kartoffel- und Selleriewürfel grob stampfen und dabei die Sahne hinzufügen; mit Salz und Pfeffer abschmecken. Schnittlauch in feine Röllchen schneiden. Das Püree auf Teller geben und den Fisch mit Zitronen-scheiben daneben anrichten; mit Schnittlauch bestreuen.

Pro Portion ca. 460 kcal

Fertig in 45 Minuten, davon Zubereitung 30 Minuten

Scampi im Knusperteig

FÜR 2 PERSONEN
12 große rohe Scampi in der
Schale (à 80 g)
100 g Mehl
1/2 TL Backpulver
Salz
4 EL Öl
1/8 l Mineralwasser
1/2 l Öl zum Ausbacken
25 g Glasnudeln
4 Blätter vom Eisbergsalat
125 ml süß-saure Soße

1. Die Scampi kalt abspülen. Die Schalen bis auf das letzte Segment und den Schwanz entfernen. Den Darm vorsichtig aus dem Rücken lösen. Die Scampi mit Küchenpapier trockentupfen.

2. Mehl, Backpulver und 1/2 TL Salz in einer Schüssel mischen. Das Öl und etwas Mineralwasser einrühren, so dass ein glatter dickflüssiger Teig ohne Klumpen entsteht. Das restliche Mineralwasser einrühren.

3. Das Öl zum Ausbacken erhitzen. Die Scampi am Schwanzende anfassen und in den Teig tauchen, etwas abgetropft in das siedende Öl geben. Goldbraun ausbacken und zum Abtropfen auf Küchenpapier legen.

4. Zum Schluss die Glasnudeln in das siedende Öl geben und nach etwa 10 Sekunden wieder herausheben. Abgetropft mit den Scampi und dem Salat anrichten. Die süß-saure Soße im Schälchen dazu reichen.

Pro Portion ca. 410 kcal   Fertig in 20 Minuten

TIPP
Scampi lassen sich problemlos schälen, wenn man den Panzer vorher am Rücken entlang mit der Schere aufschneidet.

Fischeintopf

FÜR 4 PERSONEN
600 g Rotbarschfilet
500 g Seeaal
1 Bund Suppengrün
1 Fenchelknolle
1 Bund Frühlingszwiebeln
400 g Kartoffeln
1/2 Bund glatte Petersilie
4 EL Öl
1 l Gemüsebrühe (Instant)
1 Lorbeerblatt
1 Paket gewürfelte Tomaten (500 g)
Salz
frisch gemahlener Pfeffer
1 kleines Baguette (100 g)
2 Knoblauchzehen
5 EL Olivenöl
150 g Knoblauch-Crème fraîche
150 g Shrimps,
gekocht und geschält

1. Rotbarsch und Seeaal abspülen, trockentupfen und in Stücke schneiden. Suppengrün putzen, waschen und fein würfeln. Fenchel putzen und das zarte Grün aufheben. Die Knolle außen rundherum mit einem Sparschäler schälen und vierteln, den Wurzelansatz abschneiden und in feine Streifen schneiden. Frühlingszwiebeln in feine Ringe schneiden, Kartoffeln schälen und würfeln. Petersilie waschen, trockentupfen und hacken.

2. Öl in einem großen Topf erhitzen und das Gemüse unter gelegentlichem Rühren etwa 3 Minuten dünsten. Gemüsebrühe zugießen, Lorbeerblatt dazugeben. Zugedeckt etwa 20 Minuten bei kleiner Hitze köcheln lassen. Gewürfelte Tomaten einrühren und aufkochen lassen. Den Fisch hinzufügen, leicht salzen und pfeffern. Zugedeckt etwa 8 Minuten gar ziehen lassen – nicht kochen und nicht umrühren.

3. Das Baguettebrot in Scheiben schneiden, unter dem Grill rösten, mit halbierter Knoblauchzehe abreiben; mit Olivenöl beträufeln und mit Petersilie bestreuen.

4. Den Fischeintopf mit Salz abschmecken. Auf jede Portion 1 EL Crème fraîche, Shrimps und klein gezupftes Fenchelgrün geben. Das Knoblauchbrot dazu reichen.

Pro Portion ca. 780 kcal

Fertig in 50 Minuten, davon Zubereitung 30 Minuten

Gefüllte Tintenfische

FÜR 4 PERSONEN

7 Tintenfische (ca. 1,2 kg;
Idealgröße zum Füllen:
etwa 15 bis 20 cm)
1 große Zwiebel
1 Bund glatte Petersilie
3 Knoblauchzehen
500 g Flaschentomaten
50 g Weißbrot
1 EL Öl
frisch gemahlener Pfeffer
frisch geriebene Muskatnuss
Salz
1 Lorbeerblatt
3 EL Olivenöl

außerdem:
4 Holzspieße

1. Tintenfische putzen und sorgfältig waschen. Tentakel und 3 Tintenfischkörper in etwa reiskorngroße Stücke hacken. Die Zwiebel abziehen und fein würfeln. Petersilie abspülen und trockentupfen. Knoblauch abziehen und zusammen mit der Petersilie fein hacken; jeweils 1/3 für die Soße abnehmen. Die Tomaten überbrühen, abziehen und das Fruchtfleisch in kleine Stücke schneiden. Das Brot fein würfeln.

2. Für die Füllung Öl in einer Pfanne erhitzen; Zwiebel, Knoblauch und Petersilie unter ständigem Rühren darin glasig dünsten. Die Hälfte der Tomatenstücke und das Kleingehackte vom Tintenfisch dazugeben. Mit Pfeffer, Muskat, Salz und Lorbeerblatt würzen und etwa 5 Minuten offen schmoren lassen. Das Brot unterrühren, kräftig abschmecken.

3. Die restlichen Tintenfischkörper füllen und mit je 1 Holzspieß verschließen.

4. Das Olivenöl in einer Pfanne (mit Deckel) erhitzen und die restliche Knoblauch-Petersilien-Mischung darin andünsten. Restliches Tomatenfleisch dazugeben, leicht salzen und pfeffern und die gefüllten Tintenfische nebeneinander hineinlegen. Bei sanfter Hitze zugedeckt etwa 30 Minuten schmoren.

Pro Portion ca. 400 kcal

Fertig in 45 Minuten, davon Zubereitung 30 Minuten

Dazu: Reis oder Brot

Omelett mit Stremellachs und Rauke

FÜR 2 PERSONEN

2 große Kartoffeln (ca. 250 g)
1 EL Butterschmalz
4 Eier
Salz
frisch gemahlener Pfeffer
200 g Stremellachs
50 g Rauke

1. Die Kartoffeln schälen und klein würfeln. In einer beschichteten Pfanne (mit Deckel) Butterschmalz erhitzen. Die Kartoffelwürfel hineingeben und in etwa 10 Minuten gar und braun braten.

2. Eier, 2 EL Wasser, 1 Prise Salz und Pfeffer verschlagen und über die Kartoffelwürfel gießen. Den Stremellachs in Stücke zerlegen und darüber verteilen. In der geschlossenen Pfanne bei kleinster Hitze etwa 3 Minuten stocken lassen.

3. Inzwischen die Rauke waschen und trockentupfen. Das fertige Omelett mit Rauke anrichten.

Pro Portion ca. 580 kcal   Fertig in 30 Minuten

Dazu: Vollkornbrot

Seeteufel auf Gemüse

FÜR 4 PERSONEN

1 kg Seeteufel (vom Händler
küchenfertig geputzt)
1 Aubergine (200 g)
Salz
200 g Zucchini
300 g Kartoffeln
2 Fleisch- oder
Flaschentomaten
3 EL Öl
2 Lorbeerblätter
1 kleiner Zweig Rosmarin
1/2 Bund glatte Petersilie
1 Stückchen dünn
abgeschälte Zitronen-
schale

1 Knoblauchzehe
frisch gemahlener Pfeffer
4 EL Olivenöl
3 EL Zitronensaft

Abwandlung

Für dieses wunderbare
sommerliche Fischgericht
eignet sich natürlich
auch ein Nordseefisch,
z. B. Schellfisch. Für
4 Personen brauchen Sie
einen Fisch von etwa
1,2 Kilo Gewicht.

1. Seeteufel abspülen und trockentupfen. Die Aubergine in fingerdicke
Würfel schneiden, in ein Sieb geben
und mit Salz bestreut 20 Minuten
schwitzen lassen. Zucchini würfeln,
Kartoffeln schälen und in Scheiben
schneiden. Die Kartoffeln in leicht gesalzenem Wasser 5 Minuten kochen;
abgießen. Tomaten mit dem Sparschäler schälen, in Scheiben schneiden und die Kerne herauslösen.

2. Die Auberginenwürfel abspülen
und mit einem Küchentuch trocken-
pressen. Öl in einer Pfanne erhitzen
und die Auberginen unter Rühren
etwa 3 Minuten kräftig braten.
Zucchini dazugeben und unter gelegentlichem Rühren 3 Minuten mitbraten. Lorbeerblätter dazugeben,
alles durchschwenken und in eine
ofenfeste Form füllen. Kartoffelschei-

ben und Tomaten darauf verteilen.
Den Backofen auf 200 Grad/Umluft
180 Grad/Gas Stufe 3 vorheizen.

3. Den Seeteufel auf das Gemüse
betten. Rosmarinnadeln abstreifen,
Petersilie abspülen und trockentupfen. Beides mit Zitronenschale
und Knoblauch zusammen fein
hacken. Mit Salz, Pfeffer, Olivenöl
und Zitronensaft verschlagen. Über
Fisch und Gemüse verteilen. Die
Form mit einem Bogen Pergamentpapier abdecken.

4. Den Fisch im vorgeheizten Ofen
etwa 25 bis 30 Minuten backen.
Den Fisch in der Form servieren.

Pro Portion ca. 500 kcal

Fertig in 60 Minuten, davon Zubereitung 30 Minuten

Schollenröllchen mit Orangen-Hollandaise

FÜR 2 PERSONEN

Schollenröllchen:

6 Schollenfilets (à 70 g)
1 rote Paprikaschote
4 EL Olivenöl
Salz
Cayennepfeffer
1/2 Bund Basilikum
Fett für die Form

Soße:

50 g Butter
2 Eigelb
Saft von 1 Orange
1 EL mittelscharfer Senf
Salz
Cayennepfeffer

1. Die Fischfilets abspülen und trockentupfen. Die Paprikaschote mit dem Sparschäler schälen, die Kerne entfernen und das Fruchtfleisch in schmale Streifen schneiden. 3 EL Olivenöl in einer Pfanne erhitzen und die Paprikastreifen bei kräftiger Hitze unter Rühren scharf anbraten. Mit Salz und Cayenne würzen, aus der Pfanne nehmen. Den Backofen auf 200 Grad/Umluft 180 Grad/Gas Stufe 3 vorheizen.

2. Basilikumblätter von den Stielen zupfen. 1/3 der Blätter für die Garnitur beiseite legen. Filets nebeneinander legen, leicht salzen und mit Basilikumblättern und Paprikastreifen belegen; aufrollen.

3. Nebeneinander in eine gefettete, ofenfeste Form legen, die Rollen mit dem restlichen Olivenöl einpinseln, 5 EL Wasser in die Form geben; locker mit Pergamentpapier

abdecken. Die Fischröllchen im Backofen etwa 8 Minuten garen.

4. Inzwischen für die Soße die Butter schmelzen lassen. Eigelbe, Orangensaft und Senf in einer Schüssel verrühren. Dann über heißem Wasserbad oder auf kleinster Stufe unter ständigem Schlagen erhitzen, bis eine dickliche Soße entstanden ist. Die flüssige Butter nach und nach unterrühren. Mit Salz und Cayennepfeffer abschmecken. Einige Basilikumblätter in feine Streifen schneiden und zur Soße geben.

5. Die Röllchen aus der Form auf vorgewärmte Teller setzen und einen Teil der Soße drumherum geben. Mit den restlichen Basilikumblättern garnieren.

Pro Portion ca. 660 kcal   **Fertig in 30 Minuten**

Dazu: Reis

Rotbarsch mit Kräuterkruste

FÜR 4 PERSONEN

100 g frisches Weißbrot
1 Bund glatte Petersilie
1 Zitrone
1/2 TL getrockneter Thymian
1 kleine Knoblauchzehe
100 g Butter
frisch gemahlener Pfeffer
Kräutersalz
Fett für das Blech
Salz
4 Stücke Rotbarschfilet
(à 200 g)
2 Schalotten
4 EL Olivenöl
500 g Kirschtomaten
50 ml Weißwein oder
Orangensaft
1 Bund frisches Basilikum

1. Für die Kräuterkruste das Weißbrot entrinden, würfeln und anschließend im Blitzhacker fein hacken. Petersilie, 1 dünn abgezogenes Stück Zitronenschale, Thymian und abgezogenen Knoblauch zusammen auf einem Brett sehr fein hacken, zum Brot geben. Die Butter schmelzen und darunter rühren, so dass eine streichfähige Farce entsteht. Mit etwas Pfeffer und Kräutersalz abschmecken. Den Backofen auf 225 Grad/Umluft 200 Grad/Gas Stufe 4 vorheizen.

2. Ein Backblech fetten und leicht mit Salz und Pfeffer bestreuen. Die Filets abspülen, trockentupfen, leicht salzen und mit etwas Zitronensaft einreiben. Anschließend mit der Farce bestreichen und nebeneinander auf das Backblech legen. Den Fisch in den vorgeheizten Backofen schieben und etwa 15 Minuten backen.

3. Inzwischen Schalotten abziehen und fein würfeln. In einer Pfanne das Olivenöl erhitzen und die Schalotten kurz darin andünsten. Tomaten rundherum einstechen, dazugeben und 2 bis 3 Minuten unter Schwenken mitdünsten. Mit Weißwein ablöschen. Die Hälfte der Basilikumblätter streifig schneiden und dazugeben, mit Salz und Pfeffer abschmecken.

4. Den Fisch auf Teller setzen und die Tomaten rundherum verteilen. Mit Basilikumblättern garnieren.

Pro Portion ca. 590 kcal

Fertig in 45 Minuten, davon Zubereitung 30 Minuten

Dazu: Weizenbrot

Hamburger Pfannfisch

FÜR 2 PERSONEN

400 g kleine Kartoffeln
2 Fischfilets (à 250 g, z. B.
Rotbarsch oder Schellfisch)
Salz
frisch gemahlener Pfeffer
1 Zitrone
Fett für die Form
2 Zwiebeln
1 1/2 EL Butterschmalz

Soße:

200 g Fischfond (Glas)
125 g Crème double
1 EL grobkörniger Senf
1 EL scharfer Senf
1/2 Bund Radieschen
1 Tablett Kresse

1. Die Kartoffeln abspülen und mit Wasser bedeckt zum Kochen bringen und 15 Minuten kochen lassen. Den Backofen auf 200 Grad/Umluft 180 Grad/Gas Stufe 3 vorheizen.

2. Die Fischfilets abspülen, trockentupfen. Leicht salzen, pfeffern und mit 2 EL Zitronensaft beträufeln. In eine gefettete, ofenfeste Form legen und mit 4 EL Wasser beträufeln. Die Form mit Alufolie abdecken und im vorgeheizten Ofen etwa 15 Minuten garen.

3. Inzwischen die Kartoffeln abgießen und pellen. Die Zwiebeln abziehen und in Ringe und die Pellkartoffeln

TIPP

Mit Senf kann man köstlich würzen, z. B. Salatsoßen, Dips oder unsere Senfsoße zum Fisch. Allerdings darf Senf nur kurz erhitzt werden, sonst verliert er Aroma und Schärfe.

in Scheiben schneiden. Beides in einer Pfanne in Butterschmalz goldgelb braten.

4. In einem Topf den Fischfond auf 1/4 der Menge einkochen; Crème double und beide Senfsorten einrühren, mit Zitronensaft abschmecken. Radieschen putzen, waschen und in feine Streifen schneiden.

5. Die gebratenen Kartoffeln mit Salz und Pfeffer würzen, auf vorgewärmte Teller verteilen, den Fisch aus dem Ofen nehmen und darauf anrichten. Den beim Backen entstandenen Fischsud aus der Form in die Senfsoße rühren. Etwas Soße über den Fisch und um die Kartoffeln herum geben, den Rest extra dazu reichen. Mit Radieschenstreifen und Kresse garnieren.

Pro Portion ca. 460 kcal

Fertig in 40 Minuten, davon Zubereitung 30 Minuten

Matjes nach Hausfrauenart

FÜR 4 PERSONEN
8 Matjesfilets
150 g saure Sahne
150 g Sahnejoghurt
Salz
Zucker
1 großer Apfel (z. B. Elstar)
1 kleine Zwiebel
1 kg Kartoffeln
1 TL Kümmel
1/2 Bund glatte Petersilie

1. Die Matjesfilets abspülen, trocken-tupfen und kalt stellen. Saure Sahne und Joghurt mit etwas Salz und 1 Prise Zucker verrühren. Den Apfel abspülen, trockenreiben und ungeschält vierteln, entkernen und in feine Schnitze hobeln. Die Zwiebel abziehen und in feine Ringe schneiden. Beides unter die Sahnemischung heben und ziehen lassen.

2. Die Kartoffeln waschen, mit Wasser bedeckt und mit Kümmel zum Kochen bringen und gar kochen. Petersilie abspülen, trocken-tupfen und fein hacken. Zwiebel-Apfel-Sahne in Portionsschälchen füllen. Kartoffeln abgießen und pellen. Matjesfilets und Kartoffeln auf Tellern anrichten, mit Petersilie bestreuen.

Pro Portion ca. 650 kcal   Fertig in 30 Minuten

Gedünsteter Steinbeißer auf Paprikagemüse

FÜR 4 PERSONEN
4 Stücke Steinbeißerfilet (à 250 g)
je 2 rote und gelbe Paprikaschoten
2 bis 3 Knoblauchzehen
5 EL Olivenöl
2 bis 3 EL Balsamessig
Salz
Cayennepfeffer
1 Tablett Kresse

1. Den Fisch abspülen und trocken-tupfen. Die Paprikaschoten rundher-um mit einem Sparschäler schälen, die Kerne entfernen, das Frucht-fleisch in feine Würfel schneiden. Knoblauch abziehen und hacken. Den Backofen auf 200 Grad/Umluft 180 Grad/Gas Stufe 3 vorheizen.

2. 4 EL Öl in einer Pfanne erhitzen, Knoblauch und Paprika hineingeben, etwa 5 Minuten sanft dünsten. Mit Balsamessig, Salz und Cayenne-pfeffer würzen. Das Gemüse in eine ofenfeste Form geben, den Fisch darauf setzen, mit etwas Salz und Cayennepfeffer würzen. Mit dem restlichen Öl beträufeln.

3. Die Form mit einem Bogen Per-gamentpapier abdecken und den Fisch im vorgeheizten Ofen etwa 15 Minuten backen. Die Kresse mit einer Schere abschneiden und über den Fisch streuen.

Pro Portion ca. 280 kcal

Fertig in 45 Minuten, davon Zubereitung 30 Minuten

Dazu: Landbrot

133

7. KAPITEL

Desserts

FRUCHTIG

UND

HERRLICH SÜSS

Feiner Reisflammeri

FÜR 4 PERSONEN

100 g Milchreis

1/2 l Milch

40 g Zucker

abgeriebene Schale
von 1/2 Zitrone

Salz

6 Blatt weiße Gelatine

200 ml Schlagsahne

4 EL Rum oder Wasser

frische Minzeblätter

Fruchtsoßen:

125 g Zucker

250 g TK-Johannisbeeren
oder Himbeeren

2 Kiwis

1. Den Reis in ein Sieb geben und mit kaltem Wasser abspülen. Milch, Zucker, Zitronenschale und 1 Prise Salz zum Kochen bringen und den Reis einrühren. Zugedeckt auf kleinster Stufe etwa 45 Minuten quellen lassen.

2. Gelatine in kaltem Wasser einweichen. Blätter abgetropft einzeln unter den heißen, ausgequollenen Reis rühren. Reis bis zum leichten Gelieren abkühlen lassen.

3. Sahne steif schlagen und unter den Reis ziehen. Eine große oder vier kleine Puddingformen mit Rum

TIPP

Dieses Dessert am besten am Vortag zubereiten und kalt stellen, kurz vor dem Essen stürzen.

(oder Wasser) ausspülen, den Reis einfüllen. Für etwa 2 Stunden kühl stellen und fest werden lassen.

4. Für die Fruchtsoßen Zucker und 1 Tasse Wasser zu einem Sirup kochen, abkühlen lassen. Die gefrorenen Früchte auftauen lassen. Die Kiwis schälen, klein schneiden und pürieren. Johannis- oder Himbeeren zusammen pürieren. Die Fruchtpürees getrennt durch ein Sieb streichen und jeweils mit einer Hälfte Zuckersirup verrühren.

5. Zum Servieren die Formen kurz in heißes Wasser tauchen, Reis sofort aus den Formen stürzen. Beide Fruchtsoßen um den Reis verteilen. Mit Minzeblättchen garnieren.

Pro Portion ca. 540 kcal

Fertig in 50 Minuten, davon Zubereitung 30 Minuten
Kühlzeit 2 Stunden

Rhabarbergratin

FÜR 2 PERSONEN
4 Stangen Rhabarber (etwa 250 g)
1 EL Zitronensaft
3 EL Zucker
1/4 TL Speisestärke
1 TL Butter für die Teller
2 Eigelb
4 EL geschlagene Sahne
Puderzucker zum Bestäuben

1. Den Rhabarber in 3 cm lange Stücke schneiden. 4 EL Wasser, Zitronensaft und Zucker aufkochen, Rhabarber hineingeben und 4 Minuten gar ziehen lassen. Den Rhabarber mit einer Schaumkelle herausheben und abtropfen lassen.

2. Den Backofen auf 200 Grad/Umluft 180 Grad/Gas Stufe 3 vorheizen. Den Sud aufkochen, Speisestärke in 1 EL Wasser verquirlen und in den Rhabarbersud rühren. Glasig kochen und erkalten lassen.

3. Zwei ofenfeste Teller mit Butter auspinseln, Rhabarber einfüllen. Eigelbe verquirlen, Rhabarbersud und Sahne darunter heben. Die Creme über den Rhabarber verteilen.

4. Die Teller mit dem Rhabarber in den Backofen schieben und etwa 12 bis 15 Minuten backen. Mit Puderzucker bestäuben und sofort essen.

Pro Portion ca. 230 kcal   **Fertig in 30 Minuten**

Bamser

FÜR 4 PERSONEN
250 g Kartoffeln
250 g Äpfel
2 Eier
100 g Mehl
2 EL feiner Zucker
Salz
50 g Butterschmalz
Zucker und Zimt oder
Ahornsirup

1. Die Kartoffeln mit Schale etwa 20 Minuten kochen. Anschließend abgießen, mit kaltem Wasser abschrecken und pellen. Die Kartoffeln zerdrücken oder auf einer Reibe fein reiben.

2. Die Äpfel schälen, vierteln, entkernen und grob über die Kartoffeln reiben. Eier, Mehl, Zucker und etwas Salz hinzufügen. Alles gut vermischen. Butterschmalz in einer Pfanne erhitzen, esslöffelweise Teig hineingeben und von jeder Seite etwa 2 Minuten goldgelb braten. Insgesamt 16 Küchlein braten, die fertigen im Backofen bei 100 Grad/Umluft 80 Grad/Gas Stufe 1 warm stellen.

3. Die Bamser mit Zucker und Zimt bestreuen oder Ahornsirup darüber träufeln.

Pro Portion ca. 180 kcal

Fertig in 45 Minuten, davon Zubereitung 30 Minuten

BAMSER sind eine süße Spezialität aus Thüringen. Sie schmecken besonders lecker, wenn sie frisch aus der Pfanne mit Ahornsirup getränkt werden.

Kaiserschmarren mit Äpfeln

FÜR 2 PERSONEN

1 großer Apfel (z. B. Elstar)

3 TL Butter

2 EL Zucker

Saft von 1/2 Zitrone

3 Eier

1/8 l Milch

75 g Mehl

1 Päckchen Vanillezucker

Salz

1 EL Puderzucker

Minzeblättchen nach
Belieben

1. Den Apfel entkernen und in etwa 16 Spalten schneiden. 1 TL Butter in einer Pfanne erhitzen und die Apfelspalten 1 Minute darin andünsten. 1 EL Zucker und den Zitronensaft dazugeben, die Äpfel etwa 3 Minuten sanft weiterdünsten: Sie sollen nicht zerfallen.

2. In der Zwischenzeit die Eier trennen. Eiweiße und den restlichen Zucker zu steifem Schnee schlagen. In einer zweiten Schüssel Milch, Mehl, Eigelbe, Vanillezucker und 1 Prise Salz glatt rühren. Den Schnee locker unter den Teig heben.

3. In einer großen beschichteten Pfanne 1 TL Butter erhitzen und den Teig eingießen. Einen Deckel auf die Pfanne legen, den Teig bei sanfter Hitze etwa 4 Minuten backen. Ist der Teig an der Unterseite leicht gebräunt, den Pfannkuchen wenden und sofort mit zwei Gabeln auseinander zupfen.

4. Nun die restliche Butter dazugeben, unter Rühren alles rundherum braun braten. Den Kaiserschmarren mit den Apfelspalten vermischen und anrichten. Mit Puderzucker bestäuben und mit Minzeblättchen garnieren.

Pro Portion ca. 450 kcal   Fertig in 30 Minuten

TIPP

Eischnee macht den Teig besonders locker. Am besten mit dem Schneebesen erst nur eine Hälfte Schnee unter den Teig heben, dann den Rest locker unterziehen. Wer will, träufelt etwas Calvados über den Kaiserschmarren.

Zimtpflaumen mit Walnusseis

FÜR 4 PERSONEN

3 EL Puderzucker
3/8 l Rotwein oder roter Traubensaft
1 Zimtstange
500 g große reife Pflaumen oder
Zwetschen
1/2 TL Speisestärke
4 Kugeln Walnusseis (200 g)
1 Päckchen gehackte Pistazien (25 g)
frische Minze

1. Puderzucker in einem Topf bei größter Hitze karamellisierer lassen und mit Rotwein ablöschen. Die Zimtstange dazugeben und kochen lassen, bis sich der Karamell aufgelöst hat.

2. Die Pflaumen waschen, mit einer Nadel mehrmals einstechen und in den Sud geben. Bei mittlerer Hitze offen etwa 10 Minuten pochieren. Die Pflaumen aus dem Sud nehmen und den Sud offen um die Hälfte einkochen. Speisestärke mit 1 EL Wasser verquirlen und in den Sud rühren. Einmal aufkochen und lauwarm abkühlen lassen.

3. Pflaumen, Soße und Eiskugeln auf Dessertteller anrichten. Das Eis mit gehackten Pistazien bestreuen. Mit frischen Minzeblättchen garnieren.

Pro Portion ca. 250 kcal   Fertig in 30 Minuten

Dazu: zartes Buttergebäck

Gratiniertes Eis mit Pfirsichen

FÜR 4 PERSONEN

4 vollreife Pfirsiche
(oder Nektarinen)
4 Kugeln Vanilleeis (200 g)
Zabaione:
50 g Zucker
3 Eigelb
50 ml Dessertwein (z. B.
Sherry, weißer Portwein)
oder Orangensaft

1. Die Pfirsiche abspülen, trockenreiben und halbieren. Die Kerne entfernen, die Früchte in sehr feine Spalten schneiden. Im Kreis auf Dessertteller anrichten.

2. Für die Zabaione Zucker, Eigelbe und Dessertwein in einer Edelstahlschüssel schaumig schlagen. Die Schüssel über ein heißes Wasserbad setzen und den Inhalt dickcremig aufschlagen, das dauert etwa 10 Minuten. Grill vorheizen.

3. Je 1 Eiskugel in die Tellermitte setzen und die Zabaione darüber geben. Die Teller ganz dicht unter den vorgeheizten Grill stellen und nur ein paar Sekunden lang überbräunen. Sofort auftragen.

Pro Portion ca. 280 kcal   Fertig in 30 Minuten

ZABAIONE
muss schnell serviert werden, sonst fällt die schaumige Creme in sich zusammen. Die italienische Spezialität kann — wie hier — auch zum Gratinieren verwendet werden. Das Zubereiten geht übrigens schneller, wenn Sie die Zabaione vorher im Eiswasserbad kaltschlagen.

Gefüllte Crêpes

FÜR 2 PERSONEN

Teig:
2 EL Weizenmehl
2 Eier
Salz
5 EL Milch
etwas Butter für Pfanne
und Formen

Füllung:
1 1/2 EL Butter
30 g Zucker
1 Ei (getrennt)
200 g Speisequark
125 g rote Johannisbeeren
etwas Puderzucker

1. Für die Crêpes Mehl, Eier, 1 Prise Salz und Milch zu einem glatten Teig verrühren und etwa 15 Minuten ruhen lassen. Eine Pfanne (ø etwa 20 cm) fetten und nacheinander vier Crêpes backen. Den Backofen auf 180 Grad/Umluft 160 Grad/Gas Stufe 2 bis 3 vorheizen.

2. Für die Füllung Butter und Zucker cremig rühren. Eigelb und Quark dazugeben. Das Eiweiß steif schlagen und mit einem Spatel locker unterheben. Johannisbeeren waschen und von den Stielen streifen. Unter die Quarkmasse heben.

3. Zwei ofenfeste Formen mit Butter fetten. Je 2 der hauchdünnen Crêpes mit etwa 2 EL Quarkcreme in die Form schichten. Den restlichen Quark darauf geben. Die Formen in den vorgeheizten Ofen schieben und etwa 30 Minuten backen. Leicht mit Puderzucker bestäuben und warm essen.

Pro Portion ca. 410 kcal

Fertig in 50 Minuten, davon Zubereitung 20 Minuten

Birne mit Nusshaube

FÜR 4 PERSONEN
4 reife saftige Birnen
3 EL Zucker
1/4 l Weißwein oder Apfelsaft
100 g Makronengebäck
4 EL Pinienkerne
2 EL Preiselbeerkonfitüre
2 Eiweiß
Salz
4 EL Johannisbeergelee
4 EL Zitronensaft

1. Die Birnen abspülen und trockentupfen. Von den liegenden Früchten jeweils einen kleinen Deckel abschneiden. Zucker und Wein aufkochen. Die Birnen in den Sud setzen und zugedeckt in etwa 15 Minuten weich dünsten, zwischendurch einmal wenden. Den Ofen auf 180 Grad/Umluft 160 Grad/Gas Stufe 2 vorheizen.

2. Für die Füllung Makronengebäck grob zerkrümeln und mit Pinienkernen und Preiselbeerkonfitüre vermischen. Eiweiße und 1 Prise Salz steif schlagen und locker unter die Masse heben. Die Birnen entkernen und dabei großzügig aushöhlen, unten gerade abschneiden, damit sie gut liegen. Die Füllung auf die Birnen häufen. Im vorgeheizten Backofen etwa 15 Minuten backen.

3. Für die Soße das Gelee mit 4 EL Birnensud und Zitronensaft erwärmen. Zu den Birnen servieren.

Pro Portion ca. 240 kcal

Fertig in 45 Minuten, davon Zubereitung 20 Minuten

Beerengratin

FÜR 2 PERSONEN
250 g Erdbeeren
250 g Himbeeren
1 EL Puderzucker
evtl. 2 EL Cointreau
2 Eigelb
3 EL Zucker
1/8 l Schlagsahne

1. Die Erdbeeren waschen, putzen und klein schneiden. Die Himbeeren verlesen. Je 1/3 der Früchte mit Puderzucker und eventuell Cointreau pürieren. Die übrigen ganzen Früchte auf zwei tiefe Teller verteilen und das Püree darüber geben.

2. Eigelbe und Zucker dickcremig rühren. Die Sahne halb fest schlagen und darunter heben; über die Früchte verteilen. Die Teller unter den vorgeheizten Grill schieben und etwa 1 Minute gratinieren. Sofort essen.

Pro Portion ca. 450 kcal   **Fertig in 20 Minuten**

Arme Ritter mit Kirschsoße

FÜR 2 PERSONEN
1 Glas Kirschen
(350 g Abtropfgewicht)
1 TL Speisestärke
2 Eier
4 EL Zucker
1/4 TL Bourbon-
Vanillezucker
1/8 l Milch
8 Scheiben Baguette
2 EL Butterschmalz
etwa 3 EL Semmelbrösel
1/4 TL gemahlener Zimt
frische Minzeblättchen

1. Kirschen mit dem Saft in einem Topf aufkochen. Speisestärke mit 2 EL Wasser glatt rühren und in die kochende Flüssigkeit rühren, einmal aufkochen lassen und vom Herd nehmen.

2. Eier mit 2 EL Zucker, Vanillezucker und Milch verquirlen. Die Brotscheiben nebeneinander in eine flache Form legen, die Eiermilch darüber gießen. Die Brotscheiben gut durchziehen lassen, eventuell einmal wenden.

3. Butterschmalz in einer beschichteten Pfanne erhitzen. Die Brotscheiben in Semmelbrösel wenden und nebeneinander in das heiße Fett legen. Von beiden Seiten goldbraun braten. Restlichen Zucker und Zimt mischen und darüber streuen. Mit den Kirschen anrichten, mit Minzeblättchen garnieren.

Pro Portion ca. 490 kcal   **Fertig in 25 Minuten**

TIPP

Semmelbrösel können Sie aus übrig gebliebenen Brötchen selbst machen: Ganz trocknen lassen und dann fein reiben oder im Blitzhacker zerkleinern.

Apfelschnee

FÜR 4 PERSONEN

4 Äpfel (z. B. Elstar)

2 EL Zucker

2 Eiweiß

4 EL Ahornsirup

1 EL Mandelblättchen

1. Die Äpfel schälen, entkernen und in Spalten schneiden. Mit 4 EL Wasser und dem Zucker in einen Topf geben. Bei mittlerer Hitze 15 Minuten weich dünsten. Die Äpfel in eine Gratinform geben. Den Backofengrill oder den Backofen vorheizen (Backofen auf 200 Grad/Umluft 180 Grad/Gas Stufe 3).

2. Eiweiße steif schlagen. Ahornsirup dazugeben und kurz unterschlagen. Über die Äpfel geben und mit Mandelblättchen bestreuen.

3. Mit genügend Abstand unter den vorgeheizten Backofengrill schieben, überbacken und bräunen. Oder im vorgeheizten Backofen etwa 12 bis 15 Minuten backen.

Pro Portion ca. 210 kcal

Fertig in 35 Minuten, davon Zubereitung 15 Minuten

TIPP

In einem Mikrowellengerät können Sie die Äpfel schnell und ohne zusätzliche Flüssigkeit dünsten: Apfelstücke in eine Form legen, Zucker darüber streuen und zugedeckt bei 600 Watt 6 Minuten garen.

Pfirsich-Aprikosen-Auflauf

FÜR 4 PERSONEN

4 Pfirsiche

6 Aprikosen

100 g Zucker

400 ml Milch

1 Vanilleschote

3 Eier

Salz

je 30 g Mehl und
gemahlene Mandeln

1 TL Butter für die Form

2 EL Mandelblättchen

evtl. etwas Puderzucker

1. Pfirsiche und Aprikosen mit kochendem Wasser überbrühen. Nach 10 Sekunden abgießen und die Haut abziehen. Die Früchte entsteinen und in Spalten schneiden. Mit 2 EL Zucker bestreuen und abgedeckt durchziehen lassen. Den Backofen auf 200 Grad/Umluft 180 Grad/Gas Stufe 3 vorheizen.

2. Die Milch mit dem Mark der aufgeschlitzten Vanilleschote aufkochen und beiseite stellen. Eier, restlichen Zucker und 1 Prise Salz cremig aufschlagen. Erst den entstandenen Saft der Früchte, das Mehl und die Mandeln darunter rühren, dann die lauwarme Vanillemilch.

3. Die Form mit weicher Butter auspinseln und mit Mandelblättchen ausstreuen. Die Früchte einfüllen und den Teig darüber gießen. Den Auflauf im vorgeheizten Ofen 30 bis 35 Minuten backen, dann eventuell leicht mit Puderzucker bestäuben. Warm essen.

Pro Portion ca. 440 kcal

Fertig in 60 Minuten, davon Zubereitung 30 Minuten

144

Panna cotta mit Beerenfrüchten

FÜR 4 PERSONEN

1/4 l Schlagsahne
1/4 l Milch
1 EL Agar-Agar
1 Vanilleschote
2 EL Puderzucker
evtl. 2 EL Grappa
4 EL Ahornsirup
Saft von 1/2 Zitrone
1 Hand voll frische
Minzeblätter
je 250 g Johannisbeeren
und Himbeeren

1. Sahne und Milch mit dem Agar-Agar-Pulver in einem Topf verrühren. Die Vanilleschote längs halbieren und das Mark herauskratzen. Zur Milch geben. Langsam unter Rühren aufkochen lassen. Vom Herd ziehen.

2. Die Flüssigkeit durch ein Sieb gießen. Puderzucker dazugeben und eventuell mit Grappa abschmecken. In Portionsförmchen gießen und etwa 2 Stunden im Kühlschrank erstarren lassen.

3. Ahornsirup, Zitronensaft und Minzeblätter (ein paar zum Garnieren zurücklegen) pürieren und durch ein

Sieb gießen. Beerenfrüchte waschen, trockentupfen und mit dem Sirup vermischen.

4. Panna cotta am Formrand mit einem Messer lösen und aus den Förmchen auf Dessertteller stürzen. Die Früchte drumherum verteilen. Mit den restlichen Minzeblättchen garnieren.

Pro Portion ca. 350 kcal

Fertig in 30 Minuten, davon Zubereitung 20 Minuten Kühlzeit 2 Stunden

TIPP
Dieses Dessert am besten am Vortag zubereiten und kalt stellen, kurz vor dem Essen stürzen.

AGAR-AGAR
ist ein rein pflanzliches, aus Algen hergestelltes Geliermittel. Man bekommt es als Pulver im Reformhaus oder im Bioladen.

Melonenkaltschale

FÜR 4 PERSONEN
2 vollreife Melonen
(z. B. Netz-, Cantaloup-
oder Ogenmelonen)
Saft von 2 Zitronen
2 EL Puderzucker
1/8 l gekühlter Weißwein
oder frisch gepresster
Orangensaft
50 g kleine Makronen

1. Die Melonen halbieren, die Kerne entfernen und das Fruchtfleisch mit einem scharfkantigen Löffel herauslösen. Das Fruchtfleisch mit Zitronensaft und Puderzucker im Mixer pürieren und mit gekühltem Weißwein auffüllen.

2. Die Kaltschale in die Melonenhälften füllen und mit den Makronen servieren.

Pro Portion ca. 140 kcal   Fertig in 15 Minuten

TIPP

Zuckermelonen sind reif, wenn der Stielansatz etwas geschrumpft ist und die Frucht einen kräftig süßen Duft verströmt. Schnell aufbrauchen – sie halten dann nicht mehr lange.

Knusperäpfel mit Eis

FÜR 4 PERSONEN
6 Äpfel (z. B. Elstar)
100 g Butter
100 g brauner Zucker
50 g Haferflocken
75 g Mehl
1/2 TL gemahlener Zimt
4 Kugeln Vanilleeis (200 g)

1. Die Äpfel abspülen, trockenreiben und ungeschält in feine Spalten schneiden. Dachziegelartig in vier kleine ofenfeste Formen legen (oder in eine große Form). Den Backofen auf 200 Grad/Umluft 180 Grad/Gas Stufe 3 vorheizen.

2. Die Butter schmelzen und mit Zucker, Haferflocken, Mehl und Zimt in eine Schüssel geben. Alles zwischen den Fingern krümelig verreiben. Über die Äpfel verteilen.

3. Die Formen in den Ofen schieben und 30 Minuten backen. Mit Vanilleeis servieren.

Pro Portion ca. 630 kcal

Fertig in 50 Minuten, davon Zubereitung 20 Minuten

Weintraubentarte

FÜR 2 KLEINE KUCHEN

1 Scheibe
TK-Blätterteig (75 g)

Belag:

etwa 300 g kernlose
Weintrauben

30 g Marzipanrohmasse

1 Eiweiß

1 TL weiche Butter

1 EL Rum oder Zitronensaft

20 g gemahlene
Walnusskerne

außerdem:

1 EL Aprikosenkonfitüre

2 EL Orangensaft

1/2 TL Puderzucker

1/8 l Schlagsahne

1 TL Zucker

nach Belieben:

1 bis 2 EL Grappa

1. Den Blätterteig auftauen. Die Trauben waschen, trockentupfen und abzupfen. Marzipan in eine schmale hohe Becherschüssel raffeln, Eiweiß, weiche Butter, Rum und gemahlene Walnüsse dazugeben. Alles mit den Quirlen des Handrührers cremig aufschlagen. Den Backofen auf 200 Grad/Umluft 180 Grad/Gas Stufe 3 vorheizen.

2. Die aufgetaute Blätterteigplatte so groß ausrollen, dass sich 2 Kreise (ø etwa 12 cm) ausschneiden lassen. Nebeneinander auf ein mit Backpapier ausgelegtes Blech legen, mehrmals mit einer Gabel einstechen. Die Marzipancreme darauf streichen und mit den Trauben belegen.

3. Die Kuchen auf der unteren Schiene in den vorgeheizten Ofen schieben und 20 Minuten backen.

4. Inzwischen Aprikosenkonfitüre mit Orangensaft in einem Topf unter Rühren langsam aufkochen. Die heißen Traubenkuchen sofort mit der heißen Aprikosenkonfitüre einpinseln, leicht mit Puderzucker bestäuben. Sahne mit Zucker steif schlagen und eventuell mit Grappa abschmecken. Warm essen.

Pro Kuchen ca. 640 kcal

Fertig in 35 Minuten, davon Zubereitung 15 Minuten

TIPP

Wer selten Kuchen backt und keine Teigrolle hat, kann den Blätterteig mit einer Flasche ausrollen.
Den Kuchen unbedingt auf der unteren Schiene in den Ofen schieben, sonst backt der Teig nicht richtig durch.

Frischer Obstsalat mit Vanilleeis

FÜR 4 PERSONEN
3 vollreife Pfirsiche
250 g Erdbeeren
1 Paket Vanille-
Eiscreme (250 g)
Marinade:
3 EL Zuckersirup
3 EL Zitronensaft
evtl. 2 EL Kirschwasser

1. Pfirsiche und Erdbeeren abspülen, trockentupfen und klein schneiden.

2. Für die Marinade Zuckersirup mit Zitronensaft und evtl. Kirschwasser verrühren und über die Früchte gießen.

3. Eiscreme in Würfel schneiden und mit den Früchten anrichten.

Pro Portion ca. 180 kcal   Fertig in 20 Minuten

ZUCKERSIRUP

können Sie leicht selbst herstellen: 1 Tasse Zucker und 1 Tasse Wasser in einem Topf unter Rühren zum Kochen bringen. Kochen lassen, bis sich der Zucker aufgelöst hat. Nach dem Abkühlen in Fläschchen füllen. Dieser „Läuterzucker" – so der Fachausdruck – hält sich unbegrenzt.

Blaubeerpfannküchlein mit Vanilleeis

FÜR 2 PERSONEN
100 g Mehl
5 EL Milch
2 Eier (getrennt)
Salz, Zucker
1 EL Butterschmalz zum Braten
150 g Blaubeeren
2 Kugeln Vanilleeis (100 g)
Abwandlung
Für die Pfannküchlein können Sie auch reife Stachel-beeren, Johannisbeeren, Bananenscheiben oder Apfel-stückchen nehmen.

1. Mehl, Milch, Eigelbe, je 1 Prise Salz und Zucker verrühren. Eiweiße halb steif schlagen und darunter heben.

2. Butterschmalz in einer großen be-schichteten Pfanne erhitzen. Jeweils 3 kleine Teigportionen in die Pfanne geben und sofort ein paar Blau-beeren darauf streuen, so dass die Beeren in den Teig sinken.

3. Die Küchlein wenden, wenn die Unterseite leicht gebräunt ist, und dann fertig braten. Mit etwas Zucker bestreuen und mit Vanilleeis anrichten.

Pro Portion ca. 410 kcal   Fertig in 20 Minuten

Rhabarberschnitte mit Vanillesahne

FÜR 4 PERSONEN

250 g Rhabarber
100 g Zucker
1/8 l Apfelsaft
2 EL weiche Butter
1/4 TL gemahlener Zimt
4 Scheiben Vollkorntoast
1/8 l Schlagsahne
1 Päckchen Vanillezucker
20 g gehackte Pistazien

1. Rhabarber putzen, waschen und in etwa 3 bis 4 cm lange Stücke schneiden. 75 g Zucker und Apfelsaft aufkochen. Rhabarber hineingeben und etwa 5 Minuten darin gar ziehen lassen. Vorsichtig mit einer Schaumkelle herausheben und abkühlen lassen.

2. Weiche Butter mit Zimt und restlichem Zucker verrühren und die Toastscheiben damit bestreichen. Nebeneinander auf einen Bogen Alufolie legen. Unter den Grill schieben und von jeder Seite etwa 2 Minuten goldgelb rösten. Sofort mit dem Rhabarber belegen.

3. Sahne mit Vanillezucker steif schlagen und über den Rhabarber geben. Mit gehackten Pistazien bestreuen.

Pro Portion ca. 300 kcal   **Fertig in 25 Minuten**

Erdbeerkaltschale

FÜR 4 PERSONEN

500 g Erdbeeren
40 g Puderzucker
1/4 l Weißwein oder Traubensaft
4 Saftorangen
1 Zitrone
ein paar Weintrauben
50 g kleine weiße Baisers

1. Die Erdbeeren abspülen und putzen. Ein paar Erdbeeren beiseite legen, die übrigen grob zerschneiden und mit Puderzucker und Wein pürieren. Orangen und Zitrone auspressen und den Saft unter das Erdbeerpüree rühren. Bis zum Servieren kalt stellen.

2. Kurz vor dem Essen die restlichen Erdbeeren in Scheiben schneiden, die Weintrauben abspülen, halbieren und entkernen. Die Kaltschale in tiefe Teller füllen, die Früchte darauf verteilen. Die Baisers darauf setzen und servieren.

Pro Portion ca. 225 kcal   Fertig in 20 Minuten

Blaubeeren mit Zitronen-Grappa-Sahne

FÜR 4 PERSONEN

1/4 l Schlagsahne
2 EL feiner Zucker
Schale und Saft von
1/2 Zitrone
2 bis 3 EL Grappa
250 g Blaubeeren

1. Die Sahne steif schlagen. Zucker und etwas fein abgeriebene Zitronenschale dazugeben. Dann unter ständigem Schlagen den Zitronensaft und zum Schluss den Grappa dazugeben. Bis zum Essen kühl stellen.

2. Die Sahne mit Blaubeeren in Schälchen anrichten. Restliche Zitronenschale mit dem Zestenreißer abziehen und darüber verteilen.

Pro Portion ca. 270 kcal   Fertig in 15 Minuten

150

Joghurtkaltschale mit Granatapfelkernen

FÜR 2 PERSONEN

1 reife Banane
300 g Trinkmilchjoghurt
1 Granatapfel
4 EL Kokosflocken
1 TL Zucker
frische Minzeblätter

1. Die Banane klein schneiden und mit dem Joghurt in einen Mixbecher geben. Mit dem Schneidstab pürieren. Den Granatapfel zur Hälfte durchschneiden. 1 Hälfte auf einer Zitruspresse auspressen, die andere Hälfte entkernen. Saft und Kerne unter den Joghurt rühren.

2. Die Kokosflocken in einer Pfanne ohne Fett zartbraun rösten. Den Zucker gleichmäßig darüber streuen und unter Rühren karamellisieren lassen. Aus der Pfanne nehmen. Den Joghurt in tiefe Schalen füllen und mit Kokosflocken und Minzeblättchen bestreut servieren.

Pro Portion ca. 230 kcal   Fertig in 20 Minuten

GRANATÄPFEL

kommen vor allem aus Spanien und Italien. Eine mittelgroße Frucht ergibt etwa 1/2 Tasse Kerne oder etwa 1/8 l Saft. Die Samenkerne lassen sich leicht herauslösen und über Obstsalate, Eisbecher, Cremes und Flammeris oder auch – das ist in der orientalischen Küche üblich – über Fisch- und Fleischgerichte streuen. Den frisch gepressten Saft – Vorsicht, er macht hartnäckige Flecken – kann man pur trinken, Gelees daraus zubereiten oder mit Sekt oder Wein aufgießen. Die Grenadine in Cocktails ist übrigens nichts anderes als mit Zucker gekochter Granatapfelsaft.

Selbstverständlich können
Sie aus den Rezepten in diesem
Buch nach Belieben komplette
Menüs zusammenstellen.
Wenn Ihnen das aber zu mühsam
ist oder Sie unsicher sind, ob die
Gänge zueinander passen, probieren
Sie unsere Vorschläge aus.
Wir haben darauf geachtet,
dass die einzelnen Gerichte
geschmacklich gut harmonieren.
Alles ist gut vorzubereiten und
schnell gekocht. So können Sie ohne
Stress Ihre Gäste bewirten
und das Essen auch genießen.
Die Menüs sind für zwei
oder vier Personen berechnet.
Für alle, die lieber fleischlos
essen, sind zwei rein
vegetarische Menüs dabei.

8. KAPITEL

Menü-
Vorschläge

KOCHEN FÜR GÄSTE

Vorspeise:

Salat mit Mozzarella-Tomaten

Der Salat lässt sich gut vorbereiten. Der Käse auf den Tomatenscheiben wird unmittelbar vor dem Essen kurz unter dem Grill gebacken.

SEITE 14

Hauptgang:

Spaghetti mit Scampi

Die Basis für die Soße kann gut vorbereitet werden. Die Scampi brauchen nur 2 Minuten zum Garen, die Spaghetti kochen in der Zeit daneben.

SEITE 59

Dessert:

Gratiniertes Eis mit Pfirsichen

Die Früchte klein geschnitten bereitstellen. Die Zabaione schon vorher im Eiswasserbad kaltschlagen. Dann sind zum Servieren nur ein paar Handgriffe nötig.

SEITE 139

Vorspeise:

Spargelsalat mit Lachs

Dieser üppige Salat ist gut vorzubereiten: Spargel kochen und marinieren, Eier und Salat bereitstellen; alles mit Lachs anrichten.

SEITE 15

Hauptgang:

Steak mit Kräuterhaube und Pfifferlingen

Kräuterhaube vorbereiten und die Pfifferlinge putzen. Sie können das Steak schon braten, bevor Sie die Vorspeise servieren.

SEITE 89

Dessert:

Weintraubentarte

Diese köstliche Tarte können Sie schon ein paar Stunden im Voraus backen. Wer will, schiebt sie vor dem Essen noch einmal für 10 Minuten in den heißen Ofen.

SEITE 147

| *Menü 3* | FÜR 2 PERSONEN | *Menü 4* | FÜR 4 PERSONEN |

Vorspeise:

Tomatencremesuppe

Suppe und Kräutersahne, Orangenfilets und geröstete Kürbiskerne bereitstellen – dann ist alles mit ein paar Handgriffen schnell angerichtet.

SEITE 21

Hauptgang:

Tagliatelle mit Wildfleisch und Pilzen

Filet, Pilze und Schalotten klein geschnitten bereitstellen und kurz in der Pfanne schmoren, während die Nudeln kochen.

SEITE 47

Dessert:

Beerengratin

Beerenpüree und Eierguss vorbereiten und griffbereit hinstellen. Unbedingt vorher ausprobieren, ob die Teller nebeneinander unter den Grill passen!

SEITE 142

Vorspeise:

Hähnchensalat mit Melone

Salat und Vinaigrette zum Servieren bereitstellen. Das Hähnchenfleisch muss nur noch für 3 Minuten in die Pfanne und kommt dann heiß auf den Salat.

SEITE 25

Hauptgang:

Lammrücken mit Senf-Kräuter-Kruste

Ideal für ein Menü: Während Sie und Ihre Gäste bei der Vorspeise sind, backen der gekräuterte Rücken und die Kartoffeln im Ofen.

SEITE 102

Dessert:

Erdbeerkaltschale

Ein herrlich fruchtiges Sommerdessert. Erdbeeren, Wein und Orangensaft am besten schon am Vorabend pürieren, dann kann alles gut durchkühlen.

SEITE 150

Menü 5

Vorspeise:

Salat mit Avocado

Noch bevor die Gäste kommen, können Sie alles fertig zubereiten. Vinaigrette und Nüsse direkt vor dem Essen dazugeben.

SEITE 21

Hauptgang:

Scharfes Hähnchencurry

Dieses exotische Gericht bereits ein paar Stunden vorher fast fertig schmoren. Die letzten Schritte (Kokosmilch einrühren, Früchte und Cashewkerne dazugeben) kommen dann kurz vorher.

SEITE 96

Dessert:

Frischer Obstsalat mit Vanilleeis

Köstlich und ganz einfach: Frische Erdbeeren und vollreife Pfirsiche – klein geschnitten und mariniert – passen sehr gut zu fertiger Vanille-Eiscreme.

SEITE 148

Menü 6

Vorspeise:

Kokosmilch-Garnelen-Suppe

Diese raffinierte, pikante Suppe lässt sich ausgezeichnet vorkochen.

SEITE 24

Hauptgang:

Rotbarsch mit Kräuterkruste

Sie können den Fisch fix und fertig vorbereiten und im Ofen backen lassen, während die Vorspeise gegessen wird.

SEITE 131

Dessert:

Panna cotta mit Beerenfrüchten

Dieses Dessert am Vorabend zubereiten und im Kühlschrank fest werden lassen. Dann brauchen Sie es vor dem Essen nur noch auf Teller zu stürzen und die Früchte dazuzugeben.

SEITE 145

Menü 7 FÜR 4 PERSONEN

Vorspeise:

Tomaten-Quiche

Den Teig kneten und die Tomaten abziehen – das können Sie schon am Vortag tun und so am Tag der Einladung Zeit sparen.

SEITE 31

Hauptgang:

Eier in Senfsoße

Dieser leicht modernisierte Klassiker lässt sich gut vorbereiten: Kartoffeln kochen und pellen, Eier kochen und die Basis für die Senfsoße bereitstellen.

SEITE 72

Dessert:

Melonenkaltschale

Ein echtes Blitzrezept – das Melonenfruchtfleisch wird einfach püriert. Wer will, füllt es in die leeren Melonenhälften. Gut kühlen, dann schmeckt's herrlich erfrischend.

SEITE 146

Menü 8 FÜR 4 PERSONEN

Vorspeise:

Jamaikanische Kürbissuppe

Die farbenprächtige Suppe möglichst schon ein paar Stunden vorher kochen, damit sie gut durchziehen kann. Kurz vor dem Essen erhitzen und pürieren.

SEITE 13

Hauptgang:

Polenta mit Pilzragout

Alle Mengen verdoppeln. Die Pilze 2 Stunden im Voraus putzen und schneiden. Wer nur eine Pfanne hat, schiebt die Polenta mit Butter bestrichen unter den Grill.

SEITE 66

Dessert:

Zimtpflaumen mit Walnusseis

Die Pflaumen am Vorabend in würzigem Rotwein pochieren. Dann können sie kräftig durchziehen, und Sie brauchen sie vor dem Essen nur noch mit Eis anzurichten.

SEITE 139